ALIBABA
SOURCING

리스크를 줄이고
마진을 높이는
알리바바 해외 소싱의 비밀

해외 소싱으로
초보 셀러
탈출하기

◆ 경쟁력 있는 상품 기획부터 해외 물류, 유통까지
◆ 한 눈에 보는 해외 소싱의 기초와 실전

해외 소싱으로 초보 셀러 탈출하기

Copyright 2022 by Youngjin.com Inc.
401, STX-V Tower, 128, Gasan digital 1-ro, Geumcheon-gu, Seoul, Republic of Korea 08507

ISBN 978-89-314-6613-3

독자님의 의견을 받습니다.
이 책을 구입한 독자님은 영진닷컴의 가장 중요한 비평가이자 조언가입니다. 저희 책의 장점과 문제점이 무엇인지, 어떤 책이 출판되기를 바라는지, 책을 더욱 알차게 꾸밀 수 있는 아이디어가 있으면 팩스나 이메일, 또는 우편으로 연락주시기 바랍니다. 의견을 주실 때에는 책 제목 및 독자님의 성함과 연락처(전화번호나 이메일)를 꼭 남겨 주시기 바랍니다. 독자님의 의견에 대해 바로 답변을 드리고, 또 독자님의 의견을 다음 책에 충분히 반영하도록 늘 노력하겠습니다.

이메일 | support@youngjin.com

주소 | (우)08507 서울시 금천구 가산디지털1로 128 STX-V타워 4층 401호 (주)영진닷컴 기획1팀
https://www.youngjin.com/

파본이나 잘못된 도서는 구입하신 곳에서 교환해 드립니다.

STAFF

저자 정지나 | **총괄** 김태경 | **기획** 최윤정 | **표지 디자인** 김유진 | **본문 디자인** 강민정 | **편집** 김소연, 김효정
영업 박준용, 임용수, 김도현 | **마케팅** 이승희, 김근주, 조민영, 김도연, 채승희, 김민지, 임해나, 이다은
제작 황장협 | **인쇄** 제이엠인쇄

"무자본"으로 "누구나" 상품을 판매하는 방법을 알려 주는 책은 아닙니다.
비용과 리스크를 줄여 마진을 높임으로써 상대적으로
오래 판매할 수 있는 방법에 대해서 소개하고자 합니다.

일상에서 사람들이 가지고 있는 문제를 찾아내고 정의하여 상품으로 해결하고자 상품 기획자가 되었습니다. 처음부터 뚜렷한 길은 아니었지만, 점점 그 과정을 즐기고 이 일을 사랑하게 되었습니다. 이 과정을 진행하기 위해서는 다양한 기술과 지식이 필요했습니다. 잡히는 대로 책을 읽었고, 전국 어디든 강의가 있으면 수강하여 이론적인 지식들을 쌓아 갔습니다. 하지만, 해외 소싱의 길은 그리 쉽지 않았습니다. 실무에서는 원산지 표기를 하지 않아 통관에 걸려 모든 제품 박스를 다 뜯어서 표기 작업을 하기도 하고, 선적이 딜레이되어 출시에 문제가 생기기도 하는 등 변수가 많아 미리 준비해야 하는 것들이 많았습니다. 이러한 부분들은 그때마다 업계 선배님들을 만나 뵙고 자문을 구하면서 하나하나 지식과 자료들을 모으기 시작했습니다. 저와 같은 길을 가는 분들께 도움이 되고자 이러한 자료를 디지털화하여 강의로, 책으로 만들기 시작했습니다.

이 책에서는 산발적인 정보 중 실무에서 필요한 부분만 모으고, 실무에서 미리 알았다면 줄일 수 있는 시간과 비용에 대해서 이야기하고자 합니다. 이 책은 정석도 아니고, 대기업에서 사용하는 상품 기획 방식이 아닐 수도 있습니다. 적은 리소스로 제품을 만드는 것에 대한 이야기입니다.

어떤 분들이 책을 읽을지 정말 궁금했었는데요, 이 책의 독자는 "어떻게 하면 해외에서 저렴하게 물건을 사와서 한국에서 판매할 수 있는지"에 대한 고민을 가진 분들이라고 생각했습니다.

해외 소싱은 쉬운 과정이 아닐 수 있습니다. 하지만 이 책에서 해외 소싱은 비용과 리스크를 최소화하여 마진을 높임으로써 원하는 상품을 지속적으로 판매하는 것에 목적을 두고 있습니다. 수많은 강의와 책, 그리고 다년간의 경험을 담아 글을 썼습니다.

이 책은 총 3가지 파트로 나눠져 있습니다. 첫 번째 파트에서는 국내 소싱, 해외 구매 대행과 해외 소싱의 차이점과 장단점을 설명하고, 해외 소싱을 해야 하는 이유에 대해서 설명하였습니다. 두 번째 파트에서는 실행력을 키워 주는 실전에 대한 부분이 담겨 있으며, 세 번째 파트에서는 비용을 줄여 마진을 높일 수 있는 방법에 대해서 소개하였습니다.

지금까지 혼자서는 제품을 만들 수 없습니다. 하나하나 상품이 나오기까지 함께 만들어 주신 많은 동료 분들께, 아낌없는 조언과 도움을 주신 많은 협력 업체 분들께도 깊은 감사를 드립니다.

목차

PART 1

상품 기획 및
유통 시장의 이해

해외 소싱의 전반적인 프로세스를 이해하고,
해외 소싱에서 가장 많이 사용하게 될
'알리바바'의 장단점을 알아보면서 왜 '알리바바'에서 소싱해야 하는지에 대해 배웁니다.
알리바바 시스템이나 서비스를 100% 활용할 수 있도록 자세히 소개합니다.

1장

해외 소싱,
경쟁력 있는 상품을
만드는 지름길

국내 소싱, 해외 구매 대행, 해외 소싱의 차이점을 이해함과 동시에
해외 소싱의 장단점을 살펴보면서 왜 해외 소싱을 해야 하는지 알아봅니다.
모든 제품은 라이프 사이클을 가지고 있습니다.
상품의 라이프 사이클을 이해하면 각 단계마다 실행할 수 있는 해외 소싱 전략을 세울 수 있습니다.

왜 해외 소싱을 해야 하는가?

요즘 우리는 오전에 물건을 주문하면 당일 오후에 배송이 오는 세상에 살고 있습니다. AI와 기술이 발달하면서 물류의 혁신이 이루어지고 있는데요, 필요한 물건을 고르고 구매하는 과정이 점점 단순해지고 있습니다. 이 책을 읽기 시작한 분들은 '나도 뭐라도 판매하고 싶다'고 생각한 분들일 텐데요. 과연 홍수같이 쏟아지는 물건들은 어디서 오는 것일까요? 우리나라에서 유통되고 있는 생활용품과 가전제품 등을 포함한 공산품의 80%가 중국에서 만들어져 국내에 유통되고 있습니다.

물건을 판매하여 수익 활동을 하는 것에는 '싸게 사고 비싸게 팔아 수익을 남긴다'는 단순한 원리가 적용됩니다. 어떻게 하면 싸게 살 수 있을까요?

5년 전만 해도 상품을 싸게 사기 위해 도매상을 찾아다녔습니다. 온라인에 도매상 연락처 리스트가 있는 것도 아니어서, 아는 사람들의 소개로 도매상을 찾아다녀야만 했습니다. 그리고 그 도매상들은 상품을 더 싸게 사기 위해서 '원청'이라는 수입처를 찾아다녔습니다. 도매상, 수입처를 찾았다고 하더라도 한 번에 구매해야 하는 수량이 많아서 구매에 관한 결정을 내리기도 어려웠습니다.

지금은 온라인 도매 사이트가 활성화되면서 적은 수량을 도매가로 싸게 구매할 수 있게 되었습니다. 단군 이래 가장 돈 벌기 좋은 세상이라는 말이 나올 정도가 되었죠. 그렇다 보니 누구나 하루에 1시간만 투자하면 무자본으로 투잡을 하기가 좋아졌습니다. 창업의 여러 가지 허들 중에, '누구나', '무자본'이라는 허들을 쉽게 뛰어넘을 수 있게 된 것입니다. 스마트스토어, 쿠팡 등 다양한 쇼핑 플랫폼이 생기면서 이제는 원청, 도매상, 소매상, 개인 셀러 구분 없이 같은 상품을 온라인에서 모두 함께 판매하고 있습니다. 그렇게 되면 어떤 문제가 발생할까요?

같은 상품을 판매하고 있기 때문에 상품 자체의 경쟁력보다는 '어떤 콘텐츠를 어떤 방법으로 고객에게 전달하는가'와 '누가 더 싸게 파는가'가 중요해집니다. 콘텐츠에 대한 부분은 마케팅 영역으로 보유하고 있는 리소스와 역량에 따라 많이 달라지니, 가격에 관해서 먼저 이야기해 보겠습니다. 가격 경쟁이 붙게 되면, 과연 누가 더 오래 살아남을 수 있을까요? 도매상이나 수입처에서 직접 운영하는 쇼핑몰이 상대적으로 마진율이 더 높기 때문에, 가격 경쟁이 심해지면 더 낮은 가격으로 판매가 가능합니다. 즉, 도매상이 개인 셀러보다 가격 경쟁에서 살아남을 수 있는 확률이 높아집니다.

그래서 많은 분들이 '국내 소싱'이라고 불리는 도매상이나 수입처를 거치지 않는 '해외 구매 대행'으로 많이 넘어가고 있습니다. 먼저 국내 소싱과 해외 구매 대행 시장에 대해서 간단하게 설명하자면, 국내 소싱은 국내 제조, 해외 제조 상관없이 한국에서 판매되고 있는 상품을 유통하는 상위 유통사를 섭외하여 나의 쇼핑몰에서 상품의 판매를 대행하는 것을 말합니다. 해외 구매 대행은 해외에서 판매하는 상품을 구매하고자 하는 소비자를 대신하여 '구매를 대행'해 주는 것을 말합니다. 이 두 가지 판매 방법은 판매와 구매를 대신하기 때문에 '수수료'라는 개념으로 서비스를 제공하는 것으로 생각할 수 있습니다.

하지만, 해외 구매 대행도 상품을 찾는 사이트가 비슷하기 때문에 상품의 독점성, 콘텐츠의 독창성을 뛰어넘기 어렵다는 단점이 있습니다. 이 시장 역시 가격 경쟁이 더욱 심해지는 것을 느낄 수 있습니다. 해외 구매 대행 시장에서 가격 경쟁이 시작되면 누가 100원, 50원 더 싸게 판매하느냐의 전쟁이 되어 버립니다. 여기서 한계를 느끼고 고민하는 개인 셀러들이 많습니다.

이는 국내 소싱이나 해외 구매 대행의 허들이 높지 않기 때문에 발생하는 현상입니다. 많은 투잡 강의에서 '누구나', '무자본'으로 부수입을 벌 수 있다고 이야기하는 것을 많이 들었을 것입니다. 국내 소싱과 해외 구매 대행은 누구나 쉽게 신입할 수 있는 시장이기 때문에 누구나 실행력만 있으면 뛰어들 수 있는 것입니다.

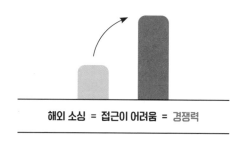

해외 소싱 = 접근이 어려움 = 경쟁력

'해외 소싱'은 해외에 있는 제조사로부터 OEM(주문 제작 방식)을 통해 제품을 대량으로 저렴하게 구매해, 국내 유통 시장에서 구매하는 가격보다 높은 이윤을 남기면서 판매하는 방법입니다. 해외 소싱은 개인마다 다양한 이유로 시작합니다. 개인의 아이디어를 해외 제조 공장과 상의하면서 제품으로 제작하기 위해 해외 소싱을 선택하기도 하고, 단순히 상품 판매가에서 높은 이윤을 확보할 수 있기 때문에 선택하기도 합니다.

해외 소싱은 높은 이윤이 발생한다는 장점이 있지만, 제품을 구매해 오는 것이기 때문에 국내 소싱이나 해외 구매 대행과는 다르게 구매 수량만큼 재고가 발생하고, 투자금이 발생하게 됩니다. 단순하게 생각하면 해외 소싱이 리스크가 커 보일 수 있습니다. 이 책에서는 실제로 해외 소싱할 때의 장단점이 무엇인지를 하나하나 살펴보면서, 개인의 상황에 맞춰 꼼꼼히 확인해 본 후에 어떤 방법으로 소싱할지 결정할 것을 제안합니다.

해외 소싱은 다음과 같은 3가지 특성을 이해하면 경쟁력 있는 상품을 소싱해서 지속적으로 판매할 수 있습니다.

독점성이 있는 제품 소싱
높은 이윤을 유지하며 지속 가능한 판매
해외 소싱에 대한 막연한 두려움을 없애 줄 실무 지식

먼저 해외 소싱의 장점에 대해서 알아보도록 하겠습니다.

* 앞서 이야기한 국내 소싱이나 해외 구매 대행이 무조건 좋지 않다고 말하는 것은 아닙니다. 개인 셀러 중에서 국내 소싱을 하면서도 높은 수수료를 받고 진행하는 분들도 있고, 제품에 따라서도 천차만별입니다. 국내 소싱이나 해외 구매 대행은 소비자의 반응을 테스트하기 좋은 방법이라고 생각합니다.

독점성이 있는 제품 소싱

1. 수요와 공급으로 확인하는 희소성

단순하게 보면 수요가 높고 공급량이 적으면서 경쟁 강도가 낮으면 희소성이 생기기 때문에 독점성을 가질 수 있습니다. 이는 수치로 확인할 수 있는데, 수요는 '키워드 검색'으로, 공급은 '판매자'로 확인할 수 있습니다.

수요와 공급을 확인하는 방법

수요와 공급이라는 두 가지 지표를 쉽게 볼 수 있는 사이트로는 '판다랭크'가 있습니다. 수요와 공급을 수치로 확인할 수 있으며, 경쟁 강도도 확인할 수 있습니다. 네이버 검색에 내 상품이 노출되고 구매되기 위한 평균 광고 비용도 확인 가능합니다. 또한, 언제 검색량이 많아지고 낮아지는지 검색량에 대한 그래프도 제공하고 있어 시즌성과 계절성을 확인할 수 있습니다.

| 출처 | 판다랭크: https://pandarank.net

2. 상품의 라이프 사이클

상품 역시 사람과 같은 라이프 사이클을 가지고 있는데요, 상품의 라이프 사이클로도 독점성을 확인할 수 있습니다. 먼저 상품을 소싱하기 전에 해당 상품이 라이프 사이클의 어디에 있는지 파악하는 것입니다.

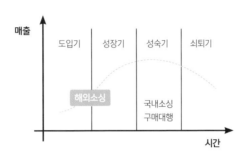

상품의 라이프 사이클은 도입기, 성장기, 성숙기, 쇠퇴기로 이루어져 있습니다. 각 주기의 특징을 살펴보자면, 도입기에는 세상에 없던 상품이 출시되거나, 기존 제품과는 다른 새로운 기능을 통해 또 다른 편의를 가져다주는 제품이 출시됩니다. 예를 들어, 스마트폰이나 스타일러와 같은 새로운 제품이 만들어지는 것입니다. 도입기는 R&D를 통해서 제품을 개발하는 시기로, 개발 비용 및 초기 마케팅 비용으로 인해서 마진을 보기가 어려운 것이 특징입니다.

성장기는 제품에 대한 인지가 높아지는 시기입니다. 경쟁사에서도 비슷한 기능의 제품을 개발하거나 많은 유통사와 브랜드사에서 상품을 판매하게 됩니다.

성숙기는 소비자와 공급자가 많아지는 시기입니다. 더불어 가격 경쟁도 심해집니다. 가격 경쟁이 심해지면, 이윤을 보지 못하는 개인 셀러나 소매상들은 경쟁에서 살아남지 못하게 됩니다. 보통 국내 소싱이나 해외 구매 대행이 이 주기에 있을 확률이 높습니다.

쇠퇴기에는 대체할 만한 새로운 제품이 출시되거나 제품이 나오더라도 더는 소비자의 수요가 없는 제품일 수 있습니다. 도매상이나 수입처도 재고를 정리하는 시기입니다.

라이프 사이클에 따라 핸디 선풍기의 탄생과 현재 상황에 관해 설명해 보겠습니다. 핸디 선풍기가 처음 나왔을 때를 기억하나요? 이전에는 외부에서 더위를 그나마 잊게 해주는 것은 부채뿐이었는데요, '선풍기를 들고 다녔으면 좋겠다'라는 바람이 이루어지는 순간이었습니다. 핸디 선풍기가 처음 나왔던 시점에 소비자들은 2만 원이 넘는 가격에도 선뜻 구매했습니다. 점점 핸디 선풍기를 들고 다니는 사람들이 보이기 시작하고 핸디 선풍기에 대한 인지가 높아지면서 수요가 늘어났고, 많은 유통사에서 너도나도 제품을 수입해서 상품을 판매하기 시작했습니다. 그 후 공급이 과잉되자 시장에서는 가격 경쟁으로 이어졌습니다. 1만 원 후반에 제품이 판매되다가 지금은 1만 원도 안 되는 금액에 상품을 구매할 수 있게 되었습니다.

여기에 다양한 기능을 추가하면서 기존과 다른 라이프 사이클을 그리는 제품들이 나오기 시작했습니다. 처음 출시됐던 형태로는 경쟁력이 없어졌기 때문에, 날개가 없는 디자인과 같이 디자인을 획기적으로 바꿔서 출시하거나 손잡이에 보조 배터리의 기능을 추가한 제품이 출시되면서, 기존 제품이 있음에도 불구하고 새로운 수요를 만들어 냈습니다.

핸디 선풍기는 사람들의 문제를 해결한 좋은 제품 중 하나입니다. 하지만 지금은 새로운 기능을 획기적으로 추가하지 않는 이상, 소싱해서 판매하기에 굉장히 큰 리스크가 있습니다.

3. 라이프 사이클에 맞는 해외 소싱 전략

이러한 이유로 해외 소싱은 도입기에 있는 제품만 소싱할 수 있다고 생각할 수 있으나, 꼭 그렇지만은 않습니다. 라이프 사이클마다 사용할 수 있는 해외 소싱 전략이 다릅니다.

• **도입기**

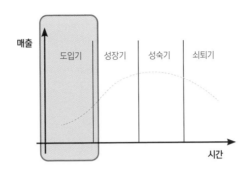

　도입기에 할 수 있는 해외 소싱 전략은 '새로운 상품의 발견'입니다. 아직 국내에 소개되지 않은 새로운 제품을 소싱하는 것입니다. 해외 소싱은 알리바바라는 사이트를 많이 이용하는데요, 관심 있는 제품군을 다루는 업체에 신제품이 있는지 물어보거나, 알리바바 메인 페이지에 매일 올라오는 새로운 제품을 탐색하면서 찾을 수 있습니다.

　하지만 신상품에 대한 감각이 없다면 알리바바에서 새로운 상품을 찾는 것은 굉장히 어려운 일일수 있습니다. 따라서, 평소에 해외 편집숍 쇼핑몰이나 영감을 주는 디자인 플랫폼, 새로운 디자인을 많이 볼 수 있는 핀터레스트 등 다양한 사이트를 보면서 신상품에 대한 감을 계속 키워야 합니다. 와디즈, 카카오 메이커스, 텀블벅과 같은 국내 펀딩 사이트도 자주 방문해서 어떤 제품이 사람들에게 관심을 받고 있는지 꾸준히 탐색해 보면서 신상품에 대해 민감성을 키워야 합니다.

　신상품을 소싱하여 국내에서 초기에 판매하면, 희소성이 있는 제품이기 때문에 높은 가격대로 판매할 수 있습니다. 판매량과 후기에 따라 노출이 되는 쇼핑몰에서는 후기를 먼저 쌓을 수 있기 때문에 다른 경쟁사보다 빠르게 시장을 선점할 수 있습니다. 한 번 선점한 제품은 다른 경쟁자가 들어온다 해도 경쟁 우위에 있을 가능성이 높습니다.

　도입기에 상품을 소싱하는 것은 속도전입니다. 시장성 검증, 샘플링과 패키지 작업, 입고 이후의 판매 전략까지 빠르게 준비해야 합니다. 하지만 제조사에서도 새로 개발한 신제품을 판매 이력이 있는 바이어에게 많은 수량으로 판매하고자 하므로 초기 발주 수량이 높을 수 있어, 초보 셀러가 진행하기에는 조금 어려움이 있을 수 있습니다.

신상품을 찾기 위해 자주 방문하면서 감을 익힐 만한 사이트 추천		
쇼핑몰	설명	주소
킥스타터	미국의 크라우드 펀딩 사이트	https://www.kickstarter.com
마쿠아케	일본의 크라우드 펀딩 사이트	https://www.makuake.com
인디고고	국제 크라우드 펀딩 사이트	https://www.indiegogo.com
와디즈	한국의 크라우드 펀딩 사이트	https://www.wadiz.kr
아이디어스	핸드메이드 사이트	https://www.idus.com
아마존	미국 최대 쇼핑몰	https://www.amazon.com
라쿠텐	일본 최대 쇼핑몰	https://www.rakuten.co.jp

• **성장기**

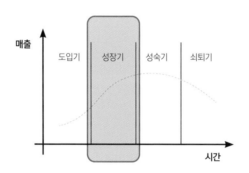

두 번째 주기인 성장기에는 해당 상품을 국내에서 처음 판매하는 것이 아니기 때문에 상대적으로 리스크는 적습니다. 국내에서 이미 판매하고 있다면, 기존 제품의 문제를 보완하는 제품을 출시하는 것이 좋습니다. 이 시기에 제품을 소싱할 때는, 디자인이 조금 더 우수하거나 색채가 조금 더 나은 상태의 상품을 소싱하는 것을 추천합니다.

• 성숙기

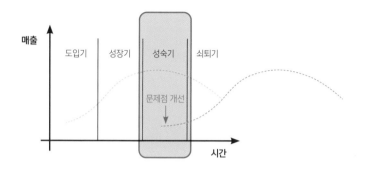

세 번째 주기인 성숙기에는 비슷한 상품을 판매하는 경쟁자가 많아져 가격 경쟁이 있는 시기입니다. 수요와 공급이 많아지므로 시장에서는 가장 활성화되어 있는 시기입니다. 시장이 활성화되어 있기 때문에 확신을 가지고 들어오는 공급자들도 많습니다. 하지만 시장에 진입하기 전에 제품 생산의 리드 타임이나 시장 현황을 살피는 등 많은 부분을 고려해야 합니다. 이 시기에 추천하는 해외 소싱 전략은 지금 사이클에 진입하는 것보다 현재 제품에 새로운 기능을 추가하여 새로운 라이프 사이클을 만드는 것입니다. 이미 판매가 잘되고 있는 제품에서 문제점을 찾아 이를 보완한 상품을 만드는 것이죠. 예를 들어, 베개라는 제품은 우리가 과거부터 사용해 오던 상품이지만, 베개의 높이나 모양 등 기존 상품의 문제점이나 불편한 점을 개선한 상품들이 다시 주목을 받고 있습니다.

여기서, 새로운 기능을 추가했다고 해서 무조건 새로운 라이프 사이클을 만들 수 있는 것은 아닙니다. '이 제품을 가지고 있는 사람이 나의 제품을 구매할 수밖에 없는 매력을 가지고 있는가?'를 고민해야 합니다. 이때는 가격이라는 조건보다는 기능적으로 훨씬 우수하거나, 고객의 문제를 획기적으로 해결한 디자인을 가져야 합니다. 처음 '상품 기획'을 접한 분들은 무엇부터 시작해야 하는지 막막할 것입니다. 4장에서 일상생활에서부터 시작하는 상품 기획에 관해서 이야기를 나눠 봅시다.

지금까지 각 상품의 라이프 사이클에 따른 해외 소싱 전략에 대해서 알아보았습니다. 소비자에게 선택받기 위해서는 많은 고민이 필요합니다. 커머스에서 물건을 판매하는 데에는 상품 자체가 주는 매력도 있어야 하지만, 고객에게 어떻게 '전달'되는지도 굉장히 중요합니다. 이 책에서는 매력적인 상품을 만드는 것에 대해서 소개하지만, 성공적인 판매를 위해서는 어떤 고객에게 어떻게 전달하는지에 대한 고민도 필요합니다.

국내 소싱/해외 구매 대행 vs 해외 소싱 차이점

	국내 소싱/해외 구매 대행	해외 소싱
초기 투자금	없음	있음
재고 부담	없음	있음
마진율	낮음	높음
허들	낮음	높음
경쟁력	낮음	높음
지속 가능성	낮음	높음

해외 구매 대행은 구매를 대행해 주는 서비스를 제공하는 개념으로, 누구나 자본금 없이 수익을 올릴 수 있다는 장점이 있지만, 비용을 제외한 마진이 적으며, 허들이 낮아 가격 경쟁이 심화되어 판매를 지속할 수 없다는 단점이 있습니다.
해외 소싱은 해외 제조사에 1개 이상의 상품을 직접 구매해 오기 때문에 상품 금액 및 몇 가지 비용이 발생하여 초기 투자금이 필요하고, 재고의 부담이 생기는 단점이 있습니다. 해외 구매 대행에 비해 챙겨야 하고 알아야 하는 기본 지식이 많지만, 높은 마진율과 판매를 더 오래 할 수 있다는 부분이 장점입니다.
해외 구매 대행이 좋지 않기 때문에 하지 말아야 하고 해외 소싱만 해야 한다고 들릴 수 있는데요, 저는 이 2가지를 적절히 잘 사용하여 리스크를 줄이는 것을 추천합니다. 어떤 상품을 팔아야 할지 잘 모르겠다면, 자본금이 들어가지 않는 해외 구매 대행으로 판매를 해 보다가, 내가 정해 놓은 기준에 맞는 수요가 있다고 판단이 되면, 그때부터 해외 소싱을 해 보는 것도 하나의 방법입니다.

높은 마진을 유지하며 지속 가능한 판매

해외 소싱은 높은 마진을 유지하면서 지속 가능한 판매를 할 수 있는 구조입니다. 먼저 해외 소싱의 가격 구조를 설명하기 전에 국내 소싱과 해외 구매 대행의 가격 구조에 대해서 알아보도록 하겠습니다. 국내 소싱은 10~15% 정도의 수수료율(마진율)을 받는 것이 평균적이며, 해외 구매 대행은 상품의 경쟁 강도에 따라 수수료율이 5~15% 정도입니다. 소싱하는 시기와 제품에 따라 최대 30%까지 확보하는 것이 일반적입니다.

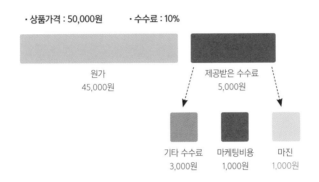

예를 들어, 5만 원짜리 상품을 네이버 스마트스토어에서 판매하고, 원가를 제외한 내가 받는 수수료를 10%라고 가정해 계산하면 5,000원의 수수료가 나옵니다. 여기서 쇼핑몰 수수료와 카드 결제 수수료 6%인 3,000원을 제외하고 나면 2,000원의 마진이 남게 되죠. 여기에서 조금이라도 나의 상품을 상위에 노출하기 위해서는 광고 비용을 쓸 수밖에 없습니다. 키워드 광고에 상품 판매당 1,000원을 사용한다면, 실제 나의 마진은 1,000원밖에 되지 않습니다. 소싱하고 등록하고 준비하는 데 많은 에너지와 시간을 투입했는데 한 달에 100개 상품을 판매해야만 10만 원의 수입이 발생합니다. 판매가가 2만 원일 경우에는 수수료 2,000원에서 카드 결제 수수료 1,200원을 제외하면, 광고는 진행하지도 못했는데 마진은 800원밖에 되지 않습니다. 광고를 못 하니 제품 판매량은 당연히 늘기 어렵고, 마진 없이 판매하기는 어려우므로 광고 집행에 소극적으로 될 수밖에 없습니다. 그렇게 악순환이 반복되다 보면, 들어간 에너지에 비해 결과가 아쉬울 수밖에 없습니다.

이럴 때 마진을 높이는 방법이 3가지가 있습니다.

첫 번째로는 박리다매로 판매 수량을 높이는 것입니다.

두 번째로는 판매가가 높은 상품을 판매하여 절대적인 수수료를 높게 받는 것입니다. 똑같은 수수료 10%라면 판매가가 2만 원인 상품보다 5만 원인 상품이 마진이 높은 것처럼요. 상품에 따라 다르겠지만, 판매가가 높을수록 소비자는 구매에 조금 더 신중해지는 경향이 있습니다. 따라서 판매가가 높은 제품은 고객 설득을 위해서 상세 페이지나 광고 콘텐츠를 보강하거나, 광고 비용을 더 많이 사용해야 하는 단점이 있습니다.

저는 해외 소싱을 통해서 처음부터 마진율을 40% 확보하는 것을 제안합니다. 원가율을 30% 정도로 책정하고, 나머지 70% 중에서 40%는 마진으로 책정, 나머지 30%는 마케팅 비용으로 확보하여 판매량을 높이는 것입니다. 마케팅 비용에서 쇼핑몰 수수료와 카드사 수수료 6%를 제외한 나머지 24%는 광고 비용으로 사용하길 추천합니다. 개인 쇼핑몰에서 판매를 하다가 판매 채널을 늘리기 위해 카카오나 구팡 등 다른 유통 채널에 입점할 수도 있는데, 이때 입점 수수료는 보통 15~30%로 채널마다 다릅니다. 미리 마케팅 비용을 확보해 두지 않았다면 입점을 못 할 수도 있고, 마진 없이 입점 판매해야 할 수도 있습니다. 마케팅 비용을 확보해 둔 상태에서 전략적으로 사용하도록 합니다.

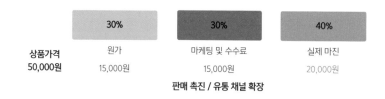

예를 들어, 5만 원짜리 상품을 네이버 스마트스토어에서 판매한다고 가정해 보겠습니다. 원가 30%인 15,000원을 제외하고, 마진율 40%인 20,000원을 확보합니다. 해외 구매 대행과 똑같이 쇼핑몰에서 상품을 판매하는 데 발생하는 쇼핑몰 수수료와 카드 결제 수수료 6%인 3,000원을 제외하고, 상품 판매가의 24%인 12,000원은 판매를 촉진할 수 있는 마케팅 비용으로 사용할 수 있게 됩니다. 이 비용은 콘텐츠를 발행하는 데 사용할 수도 있고, 공격적인 키워드 마케팅에 사용할 수도 있습니다.

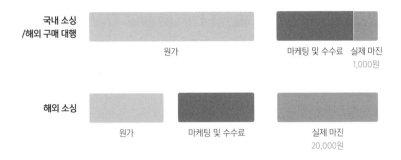

| 국내 소싱 /해외 구매 대행 | 원가 | 마케팅 및 수수료 | 실제 마진 1,000원 |
| 해외 소싱 | 원가 | 마케팅 및 수수료 | 실제 마진 20,000원 |

　해외 소싱은 처음부터 원가율과 마진율을 설정하고 마케팅 비용을 확보해서 진행하는 것이 실제로 마진을 남기면서 소싱하는 방법입니다. 적정 원가율과 마진율이 나오지 않는다면, 소싱을 진행하는 것 자체를 고민해 보길 바랍니다. 원가율과 마진율 설정에 있어서는 소비자 가격이 결정적인 요소입니다. 소비자는 고객의 문제를 해결했을 때 조금 더 높은 가격을 지불할 수 있습니다. 해외 소싱을 통해서 소비자들이 구매할 수밖에 없는 제품의 요소를 만들어 내는 것이 핵심입니다.

　독점성 있는 제품을 소싱하면 희소성이 높아지기 때문에 소비자는 높은 가격이라도 구매하고자 하는 욕구가 더 강해집니다. 하지만, 최근에 해외 구매 대행은 상품 등록을 자동화하는 IT 서비스들이 유료로 판매되고 있어 실제로는 독점성을 가지기 어렵습니다. 더 저렴한 가격으로, 더 빠르게 상품 등록을 할 수 있어 경쟁이 심해지고 있는 시장입니다.

　판매가가 높은 제품을 높은 마진율로 판매한다는 것은 구매력 있는 소비자가 확보되어 있을 때 가능합니다. 만약 여러분이 SNS 채널을 운영하고 있고 팔로워의 구매력이 좋다면, 판매가가 높은 제품을 높은 마진율로 판매할 수 있습니다. 채널 팔로워의 구매력이 좋다는 것은 SNS 채널의 콘셉트, 정보성, 라이프 스타일에 공감하고, 제품을 판매했을 때에도 구매까지 연결될 수 있음을 말합니다. 신뢰감이 있고 독창적인 콘텐츠를 꾸준히 발행하여 구매력이 높은 고객들을 미리 확보해 두면 소싱했을 때의 리스크를 줄일 수 있습니다.

해외 소싱에 대한 막연한 두려움을 없애 줄 실무 지식

마지막으로 여러분들의 막막함을 없애 줄 수 있는 것은 '해외 소싱에 대한 지식'입니다. 해외 소싱은 아는 만큼 비용을 줄여 마진을 올릴 수 있는 소싱 형태입니다. 강의와 컨설팅을 하면서 해외 소싱을 정말 막막하게 느끼는 분들을 많이 만났습니다. 전체적인 숲을 보기 어렵고, 앞으로 벌어질 일에 대해서 가늠하기 어렵기 때문에 더욱더 어렵게 생각하는 것 같습니다.

스텝마다 어떤 일을 해야 하는지, 누구와 함께 협업하게 되는지, 바이어와 셀러 사이에서 어떤 일을 해야 하는지에 대해서는 2장에서 설명하며, 예산에 맞게 해외 소싱을 하는 방법, 해외 소싱에 필요한 금액에 대해서는 12장에서 이야기해 보도록 하겠습니다. 하나씩 채워가다 보면, '생각했던 금액보다 적게 드네?'라는 생각이 들 수도 있고, '비용을 줄일 방법이 없을까?'라는 생각이 들 수 있습니다. 저도 여러분들처럼 해외 소싱을 처음 할 때에는 정보가 부족하여 많은 비용을 치르면서 시행착오를 많이 겪었습니다. 실무에서 꼭 필요한 실무 지식과 비용을 줄여 마진을 높일 수 있는 방법을 이 책에서 소개하도록 하겠습니다.

2장

해외 소싱의
전반적인 프로세스

해외 소싱은 해외에 있는 제조사에 상품을 주문 제작하여 국내에서
판매하는 모든 과정을 말합니다. 이 과정을 진행하면서 자주 사용하는 해외 물류 지식,
통관 과정 및 유의사항 등을 알아 둔다면 조금 더 리스크를 줄일 수 있습니다.
상품이 제작되고 전체적으로 유통되는 과정을 총 9단계로 나누어 설명하겠습니다.
내가 만들고 싶은 제품을 머릿속으로 상상해 보며 따라오세요.

Step 1. 상품 기획 및 시장조사

상품 기획은 어떤 상품을 만들고 소싱할 것인지에 대한 내용부터, 만들어진 제품을 언제 어떤 방법으로 입고시킬 것인지, 누구에게 언제 어떻게 판매할지에 대한 전체적인 기획을 하는 것입니다. 회사에서는 '상품 기획자', '소싱 MD', '바잉 MD'가 상품이 만들어지는 순간부터 소비자에게 배송되는 것까지 모든 과정을 스케줄링하면서 총괄하는 역할

을 합니다. PM(Project Manager) 역할을 하는 MD는 마케팅팀과 판매에 대한 가격 전략 및 마케팅 전략을 세우기도 하며, 제품의 디자인, 패키지, 콘텐츠 등 모든 의사결정에 참여하고, 재무적인 판단을 통해 비용을 최소화하고 마진을 높여 판매 가능한 상품인지에 대한 의사결정도 진행합니다. 제품을 기획하고 판매하는 것까지 총 기간은 제품마다 다르지만, 보통 3~6개월 정도 소요됩니다.

이 모든 과정을 시작하는 Step 1은 크게 시장조사, 상품 방향성 설정, 마진 구조에 따른 의사결정으로 나누어집니다.

시장조사는 정량적인 방법과 정성적인 방법으로 나눠서 볼 수 있는데요, 정량적인 방법으로는 같은 제품을 몇 명이 몇 개의 상품으로 판매하고 있는지 알아볼 수 있습니다. 각 제품의 후기 수를 통해서 간접적으로 상품의 판매량을 유추해 볼 수 있으며, 상품의 검색량으로 인기도나 시즌성을 확인하기도 합니다.

정성적인 방법으로는 전반적인 카테고리 시장에 대한 조사와 트렌드 조사를 하면서 진입할 수 있는 여지가 있는지 알아봅니다. 실제로 경쟁사들의 제품을 직접 사용해 보면서 사용하는 사람의 입장에서 불편함은 없는지 확인하고, 그 문제를 해결할 수 있는 최소 기준을 정하기도 합니다. 문제를 더욱 확실하게 해결할 방법을 찾기 위해서 예상 소비자인 친구나 가족들과 인터뷰하기도 하고, 블로그에서는 이 상품을 어떻게 리뷰하고 있는지 알아봅니다.

이 모든 것을 다 해야 할 필요는 없지만, 제품에 대한 확신을 가지기 위해서는 할 수 있는 만큼 해 보기를 바랍니다.

시장조사의 하나인 경쟁사 조사도 필수적으로 이루어지는데요, 비슷한 제품이 시장에서 어떤 형태로, 얼마나 판매되는지를 보고, 이 제품에 대한 사람들의 평가를 분석하면서 나의 제품을 어떻게 만들 것인지 기준을 세우게 됩니다.

제조사를 탐색하면서 적정 원가율이 대략 만들어질 수 있는지도 확인하고, 원가율이 너무 높게 책정되거나 예산을 초과할 경우 진행 자체를 고려하는 것이 상품 기획할 때 하는 중요한 업무 중 하나입니다.

상품의 방향성을 설정하는 '상품 기획'은 4장에서 다룰 예정이며, 마진 구조에 따른 의사결정은 12장에서 더 자세하게 다룰 예정입니다.

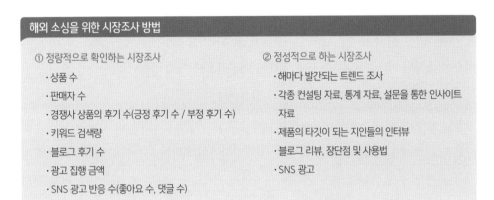

해외 소싱을 위한 시장조사 방법

① 정량적으로 확인하는 시장조사
· 상품 수
· 판매자 수
· 경쟁사 상품의 후기 수(긍정 후기 수 / 부정 후기 수)
· 키워드 검색량
· 블로그 후기 수
· 광고 집행 금액
· SNS 광고 반응 수(좋아요 수, 댓글 수)

② 정성적으로 하는 시장조사
· 해마다 발간되는 트렌드 조사
· 각종 컨설팅 자료, 통계 자료, 설문을 통한 인사이트 자료
· 제품의 타깃이 되는 지인들의 인터뷰
· 블로그 리뷰, 장단점 및 사용법
· SNS 광고

Step 2. 견적 문의

상품 기획 및 시장조사를 하면서 제작할 제품의 사이즈와 무게, 구현하고 싶은 기능을 기준으로 가격과 최소 발주 수량을 제조사에 문의합니다.

여러분들이 제조 시설을 가지고 있지 않다면, 지금부터는 나의 제품을 만들어 줄 제조사를 찾아 나서야 합니다. 국내에서도 싸고 제품력이 좋은 제조사들을 많이 찾을 수 있습니다. 하지만, 제조사에 따라서 제품 제작 단가가 다르고, 샘플 제작의 어려움이 있습니다. 이 책에서는 알리바바를 통해 상품을 소싱하는 방법을 소개하겠습니다.

먼저 알리바바에서 키워드 검색이나 이미지 검색 등 다양한 방법으로 제품을 탐색합니다. 원하는 조건의 제품이 없는 경우에는 조건을 기입해 제조사에서 견적을 받는 서비스도 있습니다. 위의 방법으로도 원하는 제품을 찾기가 어렵다면, 비슷한 상품을 찾은 다음, 제조사에 제작해 줄 수 있는지 연락을 해 보는 것도 하나의 방법입니다. 알리바바에는 제조사와 대화를 할 수 있는 메시지 센터가 있는데요, 메시지 센터에서 원하는 제품의 조건으로 제작 문의를 할 수 있습니다. 제조사에서 제작하고 있지 않은 상품이라도 비슷한 소재나 제조 공정을 가지고 있다면 기본적으로 제조 설비와 기술력을 가지고 있는 것이기 때문에 제품을 제작해 줄 수도 있습니다.

예를 들어, 텀블러는 보통 350ml, 500ml가 일반적이지만, 1,000ml 캠핑용 보온·보랭 텀블러를 만들어 판매해 보려고 합니다. 알리바바에서 원하는 디자인의 1,000ml 용량의 제품을 찾는 것은 어렵겠지만, 원하는 디자인의 텀블러를 제작하는 제조사를 먼저 찾으면, 같은 디자인으로 1,000ml 용량의 제품을 제작 요청할 수 있습니다. 알리바바에시 상품을 검색하고 제조사를 찾는 방법에 대해서는 5장에서 자세히 소개하겠습니다.

알리바바에서는 거래량, 납기 정확성, 응답률을 기반으로 한 서비스 레벨, 제조 설비, R&D 여부 등 다양한 기준으로 제조사를 등급화하고 평가하고 있습니다. 알리바바에서 제공하는 지표로 1차 검증을 거친 이후에는 제조사와 직접 이야기를 해 보면서 제조사를 선별해야 합니다. 제가 생각하는 가장 좋은 제조사는 '내가 원하는 제품의 제작 조건으로 가장 저렴하게 만들어 주는 제조사'이며, '커뮤니케이션이 잘되는 제조사'입니다. 제품을 개발하다 보면 사소한 패키지 제작부터 제품의 형태 변경 등 협의해야 하는 문제가 굉장히 많습니다. 보통은 응답이 빠르고 제작 경험이 많은 제조사가 제작 진행 과정에 문제가 생겨도 빠르게 해결이 되었습니다. 아무리 화려하고 비싼 제조 시설을 갖추고 R&D 서비스를 제공하는 회사라 하더라도, 견적을 받는 데 2~3일 이상 걸리고 기본적인 질문에도 답변을 며칠씩이나 기다려야 한다면, 당장은 아니더라도 나중에 문제가 생기는 경우가 많았습니다. 얼마 전에는 샘플 납기 시일이 지났는데도 샘플이 오지 않아서 물어보니 "개인 휴가이니, 5일 뒤에 연락하라"고 말하는 무책임한 업체도 있었습니다. 그런 업체들은 아무리 제품력이 좋더라도 함께 일하기에 어려운 회사라고 생각합니다.

어떤 제조사에 견적 문의를 해야 할지, 어떤 제조사가 좋은 제조사인지 모르겠다면 비숫한 제품을 제작하는 20곳 이상의 제조사에 같은 조건으로 견적 문의를 해 보세요. 제품 제작에 대해 이야기를 하다 보면, 어떤 제조사가 좋은 제조사인지 감을 잡을 수 있을 것입니다.

국내에서 제품을 생산하는 것이 아니기 때문에 직접 방문하기도 어렵고, 비영어권 외국인과 영어로 소통해야 하기 때문에 제품을 제작하고 수입하기까지 쉽지 않을 수 있습니다. 업체와 소통할 때에는 요구 사항은 명확하고 정확하게, 사진과 이미지를 활용해서 소통하는 것이 가장 효율적이고 정확합니다. 상품을 제작해서 한국에서 판매하는 것까지 모든 책임은 바이어인 여러분에게 있습니다. 제조사는 과정마다 필요한 것들을 절대 알아서 해 주지 않습니다. 그래서 해외 소싱의 전 과정에 대해서 이해하고, 각 과정마다 챙겨야 하는 것들을 바이어인 여러분이 알아야 하는 것입니다. 아는 만큼 비용을 줄일 수 있습니다.

Step 3. 샘플링

샘플링은 제품을 실물로 받아 보고 품질 확인을 하면서, 제조사의 제조 역량을 확인하는 과정입니다. 알리바바 제품 페이지에 사용되는 사진은 제조사에서 직접 찍은 사진일 수도 있지만, 다른 제조사의 사진을 사용하는 경우도 있습니다. 실제로 제작된 제품이 아닌 3D 이미지를 사용하는 경우에는 아직 제품으로는 제작된 적이 없는 것이기 때문에, 실제 제품을 받아 봤을 때 완성도가 떨어지는 경우도 있습니다. 이미지만으로는 제품의 품질을 확인하기가 어렵기 때문에 꼭 샘플을 실물로 받아 봐야 합니다.

샘플링은 대량 생산을 했을 때 발생할 수 있는 불량을 예측하고, 불량이 발생했을 시에 제조사와 보상 체계를 협의할 수 있는 단계입니다. 샘플이 포장되어 오는 상태에 따라서 대량 생산 시의 포장에 대해서도 논의할 수 있습니다. 샘플을 받았는데 찌그러짐이나 깨짐이 있다면, 벌크 오더에서 소비자에게 배송하는 과정 중에도 제품이 깨지거나 찌그러짐이 발생할 수 있다는 것입니다. 예를 들어 대용량 보온·보랭 텀블러를 샘플링한다면, 찌그러짐 없이 포장과 배송이 되어 왔는지, 컬러가 잘 표현이 됐는지, 전체적인 사이즈와 무게는 내가 요청한 대로 제작되었는지, 보온과 보랭 기능이 잘 구현이 됐는지 등 다양한 부분을 체크할 수 있습니다.

　샘플링은 최소 3개 업체와 진행하고, 상품 제작에 대한 상세한 협의는 2개 업체와 진행해 보는 것을 추천합니다. 해외 소싱에는 다양한 변수가 존재합니다. 샘플을 받는 데에도 다양한 업무들이 진행되는데요, 이러한 과정을 통해 협조가 잘 되는지 안 되는지 확인할 수 있습니다. 2개의 업체 중에서도 협조가 더 잘되고 제품의 품질이 좋은 업체와 최종 생산을 진행하는 것을 추천합니다. 샘플링은 제품의 퀄리티 확인뿐만 아니라 포장 상태, 업체의 업무 협조도를 확인하는 등 다양한 의미를 가지기 때문에, 꼭 진행하는 것이 좋습니다. 샘플링 진행 시 꼭 확인해야 하는 사항들에 대해서는 6장에서 자세히 소개하겠습니다.

Step 4. 상품 개발

　샘플링이 끝나고 나면, 샘플링에서 발생한 문제를 개선하는 작업과 고객 경험을 높이기 위해 상품의 완성도를 높이는 작업을 진행합니다. 발주 및 결제를 하기 전까지 발생할 수 있는 모든 협의를 이 단계에서 합니다. 샘플링에서 협의하지 못했던 내용을 협의하고, 상품을 개발하는 과정에서 2차, 3차 샘플링을 추가로 진행하기도 합니다. 이때, 제품에 따라서 샘플링 비용이 추가되기도 합니다. 또한, 제품 및 제조사에 따라 발주 이후에 제품을 개발해 주는 업체들도 있습니다. 각 단계가 딱 정해져 있는 게 아니기 때문에 제조사와 협의하면서 진행합니다.

상품 개발 과정에는 제작 조건에 맞는 상품 개발과 상품의 컬러 변경, 로고 프린트(각인), 리플렛, 패키지 제작 등이 있습니다. 상품 개발은 상품에 브랜드를 입히는 과정이자, 고객이 상품을 받아 봤을 때의 첫인상을 결정하는 과정이기도 합니다. 이 과정에 대해서는 7장에서 자세히 설명하겠습니다.

상품 개발의 난이도는 상품의 소재와 종류에 따라 천차만별입니다. 인테리어 데코 용품, 수납 용품, 소형 가구 등의 생활용품은 소재마다 차이가 크게 납니다. 특히, 플라스틱이 들어가는 제품은 제품을 만들어 내기 위해서 금형이라는 제작 틀이 필요합니다. 금형을 수정하거나 새로 만들어야 한다면, 제작 비용은 사이즈와 복잡도에 따라 적게는 300만 원부터 많게는 1억까지 들어갈 수 있습니다. 꼭 제품을 수정해야 한다면, 제조사가 가지고 있는 기존 금형을 수정하지 않는 선에서, 컬러나 마감을 변경하여 상품성을 올리는 낮은 단계의 상품 개발부터 진행해 보는 것을 추천합니다.

의류, 침구류, 러그와 같은 패브릭 종류는 개발 난도가 낮아 초보 셀러 분들이 접근하기 쉬운 카테고리입니다. 원단의 패턴만 수정하면 되기 때문에 상품 변형이나 디자인 추가가 상대적으로 어렵지 않은 편입니다. 최근에는 기능성 소재를 사용하는 경우가 많아 소재에 대한 공부를 먼저 한 후, 목적에 맞는 소재를 고르는 것이 중요합니다.

또한, 식기, 수저, 접시, 컵 등 주방용품은 제품의 사이즈가 크지 않고 단가가 저렴하며 개발의 난도 또한 높지 않은 편입니다. 대신 안전 포장에 신경을 많이 써야 하며, 식품의약품안전처의 법률 기준에 따라 안전 인증이 필요합니다. 처음 소싱을 진행하는 분이라면 다소 복잡할 수 있지만, 판매하고 싶은 제품의 주력 카테고리라면 잘 준비하여 도전해 볼 만한 카테고리입니다.

선풍기, 제습기, 안마기 등 전자 제품 카테고리의 제품에서 새로운 기능을 추가하기는 쉽지 않습니다. 플라스틱이나 철로 제작된 제품들이 많아서 형태를 변경하는 것 또한 쉽지 않습니다. 제조사에서도 매년 새로운 디자인과 기능을 추가한 제품을 개발하지만, 그런 제품들은 한국의 대형 유통사와 총판 계약[1]을 맺고 진행하는 경우가 많습니다. 제조사도 많이 팔아 줄 수 있는 유통사와 거래를 원하기 때문에, 첫 거래 수량이 2만 개부터 10만 개까지 꽤 높은 편입니다. 최근에는 많은 제조사에서 신제품을 더 낮은 수량으로도 거래할 수 있게 분위기가 바뀌고 있습니다.

Step 5. 발주 및 결제

제조사에 연락해서 견적도 받았고, 샘플링을 통해서 제품을 확인했으며, 제품 개발까지 완료된 상태입니다. 원하는 상품 개발 조건으로 제품에 대한 협의가 끝났다면, 드디어 발주와 결제를 하게 됩니다. 발주 및 결제를 하면 제조사에서는 제품을 생산하기 위한 재료와 패키지를 발주하는 등 실제적인 생산을 시작하게 되므로, 제품의 디테일 변경이 어려워질 수 있습니다. 따라서 발주하기 전에 모든 세부 사항을 꼼꼼하게 체크하고 협의해야 합니다. 샘플링에서 발견되었던 불량이 다시 발생하지 않도록 미리 이야기하고, 만약에 같은 문제가 발생할 시에는 어떻게 해결할 수 있는지 협의한 후, 그 내용을 인보이스에 기재하는 것이 좋습니다. 보통, 불량이 발견되는 수량만큼 다음 주문 시 추가 제공한다는 조건을 넣습니다.

---

1 특정 모델에 대해서 한 유통사에만 제품을 제공하는 조건을 거는 것

"If COMPANY NAME found the defective product in Korea, Send the images. Our company will supply the quantity same as the defective products in next order."

해외 소싱을 하면서 가장 중요한 것 중 하나는 '납기'입니다. 생산 기간에 맞춰서 선적할 수 있는 날짜를 꼭 확인받아야 합니다. 업체와 납기를 협의할 때 '생산 기간 40일'과 같이 명확하지 않게 이야기하는 경우도 있습니다. 중국과 한국의 공휴일이 달라 예상했던 납기일과 다를 수 있으므로, '2022.5.20.에 생산 완료'와 같이 정확한 날짜로 협의를 하는 것이 좋습니다.

이렇게 품질과 납기에 대한 협의가 끝나면, 결제를 진행합니다. 결제 방법은 다양하나, 알리바바의 무역 보증 서비스를 이용하기 위해서는 알리바바 내에서 결제하는 것이 좋습니다. 알리바바에는 총 5가지 결제 방법이 있으며, 결제할 수 있는 종류도 계속 늘어나고 있습니다. 샘플처럼 적은 금액을 결제할 때에는 수수료가 낮은 신용카드, 애플페이, 구글페이(2.99%)를 사용하는 게 합리적입니다. 애플페이와 구글페이는 최근에 생긴 방법으로, 비자와 마스터 등 해외 결제 가능한 신용카드가 필요합니다. 많은 수량을 발주하는 벌크 오더를 진행할 때에는 T/T라고 하는 해외 송금을 통해서 결제할 수 있으며, 송금 수수료는 $40입니다. 신용카드 결제 수수료는 2.99%이므로 수수료가 $40를 넘어가지 않는 선에서는 신용카드로 결제하는 것이 비용을 줄일 수 있는 방법입니다.

Payment method	Currency/Limit	Transaction fee	Processing time
Credit/Debit Card VISA	multi-currency ⑦ up to $12,000	2.99% of payment amount	1 - 2 hours
PayPal	multi-currency ⑦ up to $12,000	2.99% of payment amount	1 - 2 hours
Apple Pay VISA	multi-currency ⑦ up to $12,000	2.99% of payment amount	1 - 2 hours
Google Pay VISA	multi-currency ⑦ up to $500	2.99% of payment amount	1 - 2 hours
Wire Transfer- T/T international wire transfer	multi-currency ⑦ no limitation	around $40 depends on your bank	3 - 7 business days

결제 방법 및 주의사항에 대해서는 8장에서 다시 자세하게 설명하겠습니다. 여기서는 발주를 하면서 품질과 납기를 꼭 확인해야 하는 과정이 필요하다는 것만 기억해 주세요.

Step 6. 해외 물류

중국 또는 그 외 국가에서 상품 제작이 완료되었다면, 이제 한국으로 가져와야겠죠? 물류 운송 방법은 해상 운송, 항공 운송, 철도 운송, 도로 운송으로 총 4가지입니다. 우리나라는 아래위로 육로가 막혀 있기 때문에 해외에서 국내로 상품을 운송하는 데에는 해상 운송과 항공 운송 2가지만 사용하고 있습니다.

항공 운송   철도 운송

해상 운송   도로 운송

쉽게 설명하면, 해상 운송은 배로 운송하는 것, 항공 운송은 비행기로 운송하는 것을 말합니다. 운송 비용은 부피, 무게에 따라서 책정되는데, 배로 운송하는 비용보다 비행기로 운송하는 비용이 훨씬 비싸서, 배로 운송하는 것이 일반적입니다. 항공 운송은 비용이 많이 드는 대신 배송이 빠르기 때문에 샘플을 배송할 때 많이 사용합니다.

국가(중국)와 국가(한국) 간 제품 이동에는 해상 운송을 이용하지만, 중국 제조 공장-중국 항구와 한국 항구-한국 물류 창고까지는 도로 운송을 이용합니다. 모든 운송 과정에서도 제품에 따라 섭외해야 하는 운송 수단이 다릅니다. 이 모든 물류 과정을 전부 여러분들이 직접 하기에는 버겁고 어려울 것입니다.

그래서 해외 물류 파트너사인 '포워더(Forwarder)'와 함께 일을 하는 것이 합리적이고 편리합니다. 포워더는 제조사로부터 화물을 인수하여 수하인에게 인도할 때까지 제품의 집하, 입출고, 선적, 운송, 보험, 보관 등 모든 업무를 주선하여 대신해 주는 사람(회사)입니다. 여기서부터 어려운 용어가 많이 나오는데요, 처음부터 모든 용어를 이해하려고 하기보다는 하나씩 천천히 알아가면 됩니다.

중국 제조사와 생산 완료일을 협의한 이후, 포워더에게 ①제품의 수량, ②포장 단위, ③제조사 연락처, ④납기 일자를 전달하면 그때부터는 포워더가 한국 창고까지 입고되는 모든 과정을 대행해 줍니다.

Step 7. 통관 및 인증

Step 1	Step 2	Step 3	Step 4	Step 5	Step 6	Step 7	Step 8	Step 9
상품 기획/시장조사	견적 문의	샘플링	상품 개발	발주/결제	해외 물류	통관/인증	입고/판매 준비	상품 판매

포워더가 통관하는 과정까지 대행하긴 하지만, 통관 시 납부해야 하는 관세 및 부가세의 절세는 여러분이 챙겨서 비용을 아껴야 합니다. 또한, 통관 시에 원산지 표기가 안 되어 있거나 인증을 받아야 하는 제품에 인증서가 없을 때는 통관 진행이 불가합니다. 포워더가 통관에 대해서 많은 부분을 대행해 주지만, 미리 확인하고 알려 줄 의무는 없습니다. 통관을 위해서 챙겨아 하는 서류와 요건들은 여러분들이 식섭 준비해야 합니다. 모든 과정을 알 필요는 없지만, 여러분들이 수입자로서 꼭 챙겨야 하는 부분에 대해서 소개하도록 하겠습니다.

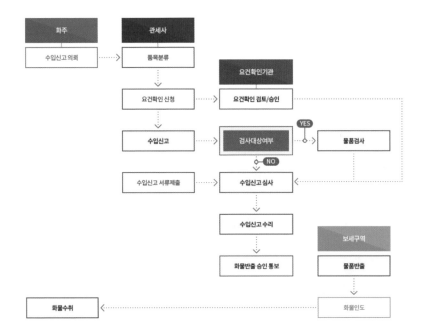

통관은 우리나라로 들어오는 물품에 대해서 국가 재정과 국민 경제를 보호하고 사회 안전과 국민 생활을 위해 요소의 유입을 차단하고자 관세청에서 진행합니다. 또한, 수출입 물품의 원산지 표시 확인과 지식 재산권 침해 행위의 단속을 통해서 소비자 보호를 하고 있습니다.

정리하자면, ①관세를 부과하여 국가 재정과 국민 경제를 보호하고, ②요건 확인 기관을 통해 국민의 안전을 보호하기 위해서 인증 절차를 가지고 있습니다. 해외 소싱에서는 ①에 관련해서는 품목별로 정해진 관세를 납부해야 하며, ②는 품목별로 안전 인증 대상이라면 인증도 준비해야 함을 의미합니다.

품목별로 부과되는 관세 및 부가세가 다르고, 인증 여부와 인증 종류가 다르기 때문에 제품마다 부여된 HS CODE(품목 분류 코드)를 알아야 합니다. 모든 제품은 HS CODE라고 불리는 코드로 구분되는데, HS CODE는 관세법령정보포털에서 상품을 직접 검색하여 찾을 수 있습니다. HS CODE는 제품의 사양 및 사용 목적 등 다양한 기준으로 나눌 수 있습니다. 여러분이 관세청 홈페이지에 고시된 내용을 읽어 보고 HS CODE를 지정했음에도, 실제로 통관할 때 사용하는 HS CODE가 다를 수 있습니다. 꼭 통관 시 사용되는 HS CODE를 확인해야 합니다. 따라서 신고 대행을 해 주는 관세사를 통해서 확인하는 것을 추천합니다. 관세사는 보통 포워더와 함께 파트너로 일하는 경우가 많습니다. 포워더를 선정하였다면, 포워더와 함께 업무를 하는 관세사에게 요청하여 확인하는 것이 좋으며, 만약에 거래하는 포워더가 없다면, 크몽이나 숨고 등 다양한 사이트에서 관세사를 찾을 수 있습니다.

통관 시 꼭 필요한 것 중 하나는 '인증 여부'로, 해외 소싱을 하면서 많은 분들이 어려워하는 부분입니다. 인증은 제품의 사양 및 종류에 따라 관할하는 기관이 다릅니다. 기관의 기준에 맞는 검사가 필요하며, 검사를 대행하는 기관들도 있습니다. 쉽게 설명하자면, 주방용품과 같이 '입에 닿는 물건'은 식품의약품안전처에서 검사 및 인증이 가능하고, 토스터, 전기 포트, 가습기 등 소형 가전이나 전자 제품과 같이 '전류나 건전지를 통해서 작동하는 제품'은 KC인증을 받아야 합니다. 산업통상자원부에서도 인증 제도를 운영하고 있습니다. 각 제품의 사양에 따라서 검사하는 기관이 상이하므로 미리 확인을 해야 합니다. 인증을 받은 이후에는 요건에 맞게 상품에 표기도 해야 하는데요, 이 부분은 10장에서 자세히 다루도록 하겠습니다.

Step 8. 상품 입고 및 판매 준비

상품이 통관되었다면, 도착 항구(인천항, 부산항 등 한국 항구)에서 제품을 가져와야 합니다. 해외 소싱을 처음 하는 분들은 고객에게 상품을 출고하기 위해 개인 공간에 상품을 쌓아 두고 배송하기도 하는데, 어느 정도 물량이 쌓이면 물류 대행을 사용하는 것이 좋습니다. 저의 강의를 수강했던 많은 분들이 "직접 택배도 보내야 하나요?"라는 질문을 했었는데요, 1인 셀러라면 물류 대행이 부담스러울 수 있지만, 장기적으로는 비용을 줄일 수 있어 추천합니다. 물류에 들어가는 시간과 노력을 고객 응대 및 콘텐츠에 기울여 판매량을 증진하는 것이 훨씬 효율적이라고 생각합니다.

물류 대행은 보통 3PL, 3자 물류라고 부르고, 물류 전문 업체에 상품 입출고 관리, 상품의 보관, 주문 처리 및 반품 등 한국에서 고객들에게 제품을 배송하는 모든 과정을 아웃소싱하는 것을 말합니다. 소규모 셀러가 많아지면서 적은 수량이라도 진행이 가능한 3PL 업체가 늘어나고 있습니다.

① 입고/검수   ② 재고 관리   ③ 피킹/패킹

④ 상차/출고   ⑤ 배송

[3자 물류 시스템 구성]

물류 창고에 입고할 때에는 물류 업체와 상의하여 날짜와 시간을 정하고, 포워더에게 물품의 이동을 요청합니다. 물류 업체에서 많은 업무를 대행해 주지만, 판매자인 여러분들이 챙겨야 하는 것들도 있습니다. 예를 들어, 나의 제품에 맞는 택배 박스 및 안전 포장을 위한 부자재도 여러분이 챙겨서 발주해야 합니다. 제가 처음 소싱했을 때, 제품이 모두 입고되어 런칭을 2~3일 앞두고 물류 업체에 2~3일 뒤에 런칭하니 발송 준비를 해 달라고 이야기를 했는데, 제품과 맞는 박스가 없다는 이야기를 듣고 런칭 일자를 미루기도 했습니다. 보통은 물류사와 거래하고 있는 업체가 있습니다. 연결되어 있는 업체와 진행해도 되고, 여러분이 직접 알아 보고 발주하여도 됩니다. 택배 박스 사이즈나 완충재 사용 방법 및 사용 여부 등 택배 포장 요건이 협의되었다면, 물류 창고에서 여러분의 집으로 테스트 배송을 해서 문제가 없는지 확인하도록 합니다. 테스트 배송 과정에서 파손이 발생한다면, 포장 방법을 보강해야 합니다. 테스트 배송을 하지 않으면 실제로 판매될 때의 문제점을 파악하기 어렵습니다. 파손이나 배송으로 교환이나 반품에 문제가 생길 시 더 큰 비용을 치러야 할 수도 있으니, 꼭 테스트 배송을 해 보길 바랍니다.

제품 입고 후에는 샘플과 동일한지, 파손이 없는지 등을 직접 확인해 보는 것을 추천합니다. 배송할 준비가 완료되었다면, 이제 실제로 판매가 될 수 있도록 상품 상세 페이지 제작을 해야 하며, 고객 응대 매뉴얼을 만들어야 합니다. 이 부분은 정답이 없습니다. 각자의 상황에 맞춰 판매 준비를 하면 됩니다.

Step 9. 상품 판매

Step 1 상품 기획/시장조사 · Step 2 견적 문의 · Step 3 샘플링 · Step 4 상품 개발 · Step 5 발주/결제 · Step 6 해외 물류 · Step 7 통관/인증 · Step 8 입고/판매 준비 · Step 9 상품 판매

제품이 판매되면 출고 시간에 맞춰서 3PL 업체에 발주서를 넘기고, 운송장 번호를 등록합니다. 고객 문의가 들어오면 그에 맞춰 고객 응대를 하기도 합니다. 다른 유통 플랫폼에 입점 제안을 하기도 하고, 프로모션이나 기획전을 통해서 다양한 상품의 매출 증진을 생각해 볼 수도 있습니다. 또한, SNS 채널을 운영하는 등 브랜딩을 키우거나, 마케팅을 통해서 많은 사람에게 상품을 노출할 수 있습니다.

판매가 잘되면 재발주를 해야 하는 시기가 찾아오는데요, 재발주는 제품의 소진 기간 및 제품 생산의 리드 타임을 고려하여 수량과 시점을 정합니다. 제품 소진 기간은 하루 평균 판매량을 계산하여 재고가 언제 소진될지를 계산하며, 소진되는 시점과 재입고되는 시점을 맞추는 것이 좋습니다. 품절이 되면 마케팅의 효율이 떨어지거나 운영이 효율적이지 못할 수 있습니다. 재입고 리드 타임은 생산 기간과 운송 기간을 합친 기간에 여유 기간까지 고려하여 계산합니다. 2차 발주부터는 비용을 더 줄일 방법에 대해 고민해야 합니다. 이는 9장의 해외 물류를 읽고 준비하길 바랍니다.

상품이 물류 창고에 입고된 후
확인해야 하는 것

파손 여부

중국에서 한국까지 물건이 운송되는 과정에서 다양한 변수가 발생합니다. 운송 트럭에 물건을 싣고 하역하는 과정, 또 컨테이너에 싣고 하역하는 과정이 여러 번 반복되는데, 그 과정에서 상품이 여러 개 담긴 화물 박스가 파손될 확률이 높습니다. 물류가 도착하면 가장 바깥에 있는 박스가 손상되었는지 확인하고, 손상이 있다면 그 박스에 담긴 물건의 50%는 제품 파손 여부를 확인할 것을 권장합니다.

파손이 많다면, 제조사와 포장 방법에 대해 다시 상의해야 합니다. 한 박스에 너무 많은 상품이 들어 있어 무겁다면 작업하는 분이 더욱 험하게 다루는 경우도 있습니다. 이럴 경우에는 한 박스당 들어가는 제품의 수를 줄여야 합니다. 박스가 너무 얇아 외부 충격에 쉽게 파손이 된다면, 박스의 두께를 변경해야 합니다. 추가로 박스 테이프를 꼼꼼하게 붙이지 않아서 제품이 박스에서 이탈하는 경우도 있습니다.

[박스 및 패키지 파손 예시]

디자인 및 컬러

컬러가 제품에서 중요한 요소일수록 샘플링과 상품 개발 과정에서 컬러를 정확하게 맞추는 것이 중요합니다. 완성된 제품에서 원하는 컬러가 나오지 않았을 때는 변상받기가 어려우므로, 여러 차례 샘플링 진행을 요청합니다.

예전에 아이보리 배스로브(Bathrobe)를 제작하여 발주한 적이 있었는데요, 샘플링을 할 때까지만 해도 아이보리 컬러였는데 실제 도착한 제품은 레몬 컬러였습니다. 샘플로 상품 페이지 촬영과 제작이 끝난 상황이었기 때문에, 추가로 상세 페이지 하단에 제품의 컬러가 실제와는 약간 상이할 수 있다는 문구와 실제 제품 사진을 추가하여 구매 시에 참고할 수 있도록 하였습니다. 이러한 안내 문구는 컬러를 감안하여 구매하도록 유도하는 효과가 있어 교환 및 반품 수와 후기에도 많은 영향을 미칩니다.

제품이 입고되면, 제품의 컬러뿐만 아니라 제품 사이즈, 무게, 사양 등을 꼭 확인하도록 합니다.

[다크 그레이 컬러 - 실제 제품 컬러 / 블루 그레이 컬러 - 샘플링 컬러]

품질 및 불량

품질 확인 과정 없이 고객에게 배송되었다면, 고객 응대에 교환 반품 비용까지 일이 두세 배 더 늘어날 수 있기 때문에, 상품의 품질을 꼭 확인해야 합니다. 샘플링을 진행할 때 발생할 수 있는 불량을 예상하여 제조사에 주의 요청을 했음에도 불구하고 불량이 발생할 수 있습니다. 샘플링 단계에서 발생할 수 있는 불량을 리스트로 정리해 두고, 제품 입고 시 품질을 체크하는 데 활용하면 좋습니다.

발생하는 불량은 소재마다 제품마다 다릅니다. 플라스틱 소재의 제품은 사출이라는 방법으로 제작됩니다. 사출은 상품 모양을 한 철제 틀(금형)에 플라스틱 소재를 녹여 부은 후 굳혀 제작하는 방식입니다. 사출하는 과정에서 틀의 모양이나 플라스틱 소재의 양에 따라서 제품 끝부분의 마무리가 깔끔하지 않을 수도 있습니다. 이런 부분에 손이 베일 수도 있으므로, 금형을 수정하거나 플라스틱의 양을 미세하게 조절해야 합니다.

의류, 러그, 매트와 같은 패브릭류에서 가장 많이 발생하는 불량은 오염, 이염입니다. 패브릭 제품은 오염을 잘 흡수하는 성질이 있기 때문에 제품 공정과 보관하는 도중에도 오염에 쉽게 노출됩니다. 뿐만 아니라 원단은 실을 방직하여 만드는데, 이 과정에서 발생하는 불량도 있습니다. 그럴 때는 꼭 업체에 원단의 가공 프로세스, 상품 제작 프로세스 등을 모두 점검하여 오염이 생기지 않도록 공정을 수정하거나 보관 방법을 바꿔야 합니다. 패브릭 제품에서 완성도를 높여 주는 것은 깔끔한 마무리인데요, 봉제로 제작을 하다 보니 실밥이 제대로 제거되지 않거나, 자수 로고의 심지가 정리되지 않는 경우도 있습니다. 제품 제작 마무리 과정에서 깔끔하게 제거될 수 있도록 결제하기 전에 꼭 이야기하는 것이 좋습니다.

[마무리가 깔끔하게 되지 않은 패브릭류 예시]

전기나 건전지로 작동되는 소형 가전 및 전자 제품은 작동 확인을 하면서 문제가 없는지 확인합니다. 제품이 작동되지 않는다면, 제품 설계 회로 및 파손의 영향이 있을 수 있습니다. 이럴 경우에는 제품을 다시 중국으로 보내서 수리 후 다시 받는 것이 굉장히 어렵습니다. 배송하기 전에 제품이 작동되는지 확인하는 영상을 업체에 찍어달라고 하는 게 안전합니다.

여러 가지 불량 사례들을 알아보았는데요, 알리바바에서는 미리 협의가 이뤄진 사항 안에서는 불량에 대해서 보상을 받을 수 있습니다. 미리 협의가 이뤄지지 않은 것에 대해서는 보상받기가 어려우니, 미리 제조사와 불량 발생 가능성이 있는 부분을 협의하여야 합니다. 보상 방법에 대해 논의한 내용은 인보이스 및 알리바바 시스템에 꼭 기록될 수 있도록 합니다.

여기서는 기본적인 것들만 소개하였으니, 여러분들의 제품에 따라서 확인해야 하는 사항에 관한 기준을 세워 보길 바랍니다.

상품 표시 사항

원산지 표시, 인증 표시 등 상품마다 꼭 표기되어야 하는 것들이 있습니다. 제품에 표기가 되지 않았다면, 통관 또한 진행되지 않습니다. 표기는 제품 패키지로 제작하거나 스티커로 부착할 수 있도록 제품 개발 과정에서 진행합니다. 사전에 요청한 것과 같이 잘 표기가 되었는지 확인해야 합니다.

[상품 표시 사항 예시]

택배 박스 제작하기

택배 박스는 고객의 경험이 시작되는 시점이며, 고객과의 첫 만남입니다. 첫 만남에 박스가 파손되어 있거나 심하게 오염되어 있다면, 첫인상은 좋지 않을 겁니다. 게다가 택배 박스의 파손으로 인해 제품까지 파손되었다면, 고객에게 상품을 다시 배송해 줘야 합니다. 그 과정에서 추가적인 상품 비용과 배송 비용이 발생합니다. 단순히 비용으로만 생각할 수 있는데요, 이는 다른 고객에게 판매했을 때의 매출을 높이는 것에 대한 기회비용이기도 합니다. 고객 응대에 사용되는 시간과 노력도 무시할 수 없습니다.

택배 업체에 보험이 되어 있다면 파손 보상을 받을 수 있겠지만, 그 규정이 까다롭기 때문에 실제로 파손 보상을 받기 어려울 수 있습니다. 파손 위험이 있다고 판단이 되면, 안전 포장을 하는 것을 추천합니다.

택배 봉투
의류, 침구 등의 패브릭

에어캡 봉투
액세서리 등의 장식품

택배 박스
화장품, 전자 제품 등 전체 상품 가능

택배 포장 방법은 크게 3가지가 있습니다. 첫 번째는 택배 봉투 형태입니다. 택배 봉투는 일반 봉투보다 질긴 형태로 오염에 강하지만 안전 포장이 불가능합니다. 따라서, 파손 위험이 적은 의류, 침구 등 패브릭 종류에 사용하기 적당합니다. 포장 시간이 적게 걸리며, 저렴한 것이 특징입니다.

두 번째는 에어캡 봉투입니다. 택배 봉투보다 안전하게 배송할 수 있으며, 부피가 작은 액세서리 같은 제품에 사용하기 좋습니다. 택배 봉투와 에어캡 봉투는 쉽게 발주 가능하여 적은 수량이어도 사용할 수 있는 것이 큰 장점입니다.

세 번째는 택배 박스를 제작하는 것입니다. 택배 박스를 결정할 때 고려해야 하는 것이 몇 가지 있습니다.

택배 박스 결정 시 고려사항

1) 제품 구매 형태

먼저 소비자가 보통 몇 개의 상품을 같이 주문하는지 알아야 합니다. 샴푸, 주방 세제와 같은 생필품이나 소모성을 가진 제품은 2개 이상 구매할 가능성이 큽니다. 그런 경우에는 한 개의 제품 사이즈로 제작하기보다는 한 번에 몇 개를 구매하는지 판매 전략을 세운 후, 소비자의 구매 형태에 따라 박스 사이즈를 제작하는 것이 좋습니다.

2-1) 제품 파손 여부 – 완충재 사용

파손되기 쉬운 상품이라면 에어캡을 이용하여 안전 포장을 해야 합니다. 완충재가 포함된다면 제품의 사이즈보다 더 크게 박스가 제작되어야 합니다. 요즘에는 친환경 포장에 대한 관심이 증가해 종이 완충재를 많이 사용하고 있습니다.

[다양한 안전 포장 종류]

2-2) 제품의 파손 여부 - 취급주의 스티커

파손 위험이 있다면 '취급 주의' 스티커를 따로 부착하여 발송하는 것이 좋습니다.

3) 제품의 무게

택배 박스는 상품의 무게나 파손 가능 여부에 따라 택배 박스의 두께를 1겹으로 할 것인지, 2겹으로 할 것인지 파악해야 합니다. 박스 제작은 보통 물류 업체를 통해서 발주할 수 있으며, 제작에는 3~4주 정도 소요됩니다. 제품 출시 일정을 잘 고려하여 미리 제작될 수 있도록 준비해야 합니다.

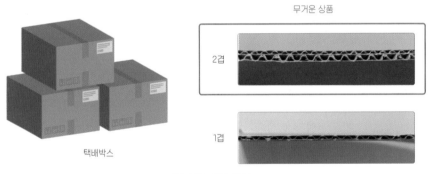

택배박스

[택배 박스 두께 차이]

3장

왜 중국인가?
왜 알리바바인가?

기획한 상품을 제작해 줄 제조사를 어떻게 찾을 수 있을까요?
박람회에서 제품과 제조사를 찾는 것보다는 수백, 수만 가지의 제품이 있는 온라인이 훨씬 접근성이 좋습니다.
적은 수량이라도, 샘플을 만드는 데 협조적인 제조사를 온라인에서 찾을 수 있습니다.

제조사를 찾는 3가지 방법

저 역시 제조 인프라가 있는 회사에서 상품 제작을 시작한 게 아니었기 때문에 제조사를 찾는 것은 막막하고 힘든 일이었습니다. 해외에서 제조사를 구하기 전에 먼저 접근성이 좋고, 소통이 잘되며, 품질이 좋은 국내 제조사부터 찾기 시작했습니다. 카페에 글을 올려 찾기도 하고, 중소기업 홈페이지에서 제조사 리스트를 뽑은 후 다 전화해 보기도 했습니다. 우여곡절 끝에 제조사와 연결됐지만, 처음 발주해야 하는 수량이 생각보다 많았고, 견적을 받기조차 쉽지 않았습니다.

원하는 제품을 국내에서 '적은 수량'으로 '저렴하게' '좋은 품질'로 만드는 게 가장 좋지만, 이 3가지 조건을 모두 만족하는 건 쉬운 일이 아니었습니다. 그래서 국내, 해외를 가리지 않고 제조원을 찾기 시작했습니다. 제조사를 찾는 방법에는 3가지가 있습니다.

첫 번째 방법은 박람회에 참여하는 것입니다. 국내에도 다양한 소싱 박람회, 디자인 페어, 리빙 박람회, 반려동물 박람회 등 다양한 박람회가 열리고, 여기서 제품을 살펴본 후 제조사에 직접 제작 요청을 할 수 있습니다. 해외 박람회로는 제조사들이 가장 많이 참여한다는 중국의 '캔톤 페어'가 있습니다. 캔톤 페어에서는 중국뿐만 아니라 다양한 해외 제조사들을 만날 수 있습니다.

두 번째 방법은 원하는 상품을 구매한 후, 구매한 상품의 표시 사항에서 제조 국가 및 제조사를 확인하는 것입니다. 구글에서 제조사를 검색해 보면 대부분 해외 사이트 및 알리바바로 연결되는 것을 알 수 있습니다. 제조사와 연결되면, 그 제조사에 제품 제작 요청을 해 보는 것입니다.

세 번째 방법은 알리바바를 이용하는 것입니다. 알리바바에서는 온라인에서 쇼핑하듯이 제품을 쉽게 찾을 수 있고, 견적 요청 또한 비대면으로 진행하기 때문에 간단하고 쉽게 문의할 수 있어 편리합니다. 국내 제조와 비교했을 때, 상대적으로 '낮은 주문 수량'을 '훨씬 저렴한 가격'으로 발주할 수 있으며, 더욱 좋은 점은 내가 어떤 마케팅 채널을 가졌는지, 어떤 사람인지가 중요하지 않다는 것입니다. '품질이 좋은' 상품을 제작하기 위해서는 알리바바의 서비스를 잘 이해하고, 소통하는 스킬을 키워나가야 합니다.

어떤 방법이든 나의 제품을 잘 만들어 줄 제조사를 찾기만 하면 되는데요, 해외에서 열리는 박람회를 가기에는 비용이 많이 들고, 코로나 등 다양한 변수들이 존재하기 때문에 어려움이 있습니다. 두 번째 방법으로 제조사를 찾았다고 하더라도, 특정 업체에만 제품을 제공하는 조건이 걸려 있을 수도 있고, 요구하는 수량이 많을 수 있습니다. 따라서 이 책에서는 제품을 제작해 주는 업체를 쉽게 찾을 수 있는 알리바바를 통해서 소싱하는 방법을 소개합니다.

캔톤 페어의 장단점

　사실 제조사를 가장 빠르게 만날 수 있는 곳은 캔톤 페어입니다. 당장은 가기가 어렵다면, 알리바바를 통해서 소싱하는 방법을 익혀도 괜찮습니다.

　저는 2018년부터 총 3번의 캔톤 페어에 방문하여 제조사를 만나왔습니다. 캔톤 페어는 중국에서 가장 오래된 종합 전시회로, 1년에 2번, 3~4월과 9~10월에 개최되며 1회 개최할 때 총 3번의 기간에 나눠서 진행됩니다. 규모는 한국 코엑스 전시장의 20배 규모로 매우 큽니다. 세계 각지의 상회, 무역협회, 정부 기관과 협력관계를 맺어 기업과 바이어를 유치하고 있으며, 35개국에서 약 2만 5천 개의 제조사가 참여하고 한 시즌에 18만 명 이상의 바이어가 방문합니다. 제조사들은 캔톤 페어 일정에 맞춰서 신제품을 개발하고, 세계 각국의 바이어를 만나 더 많은 제품을 판매하기 위해서 페어에 참여합니다. 최근에는 코로나 팬데믹의 영향으로 VR, 동영상 등 온라인에서도 상품을 볼 수 있습니다.

1. 중국의 가장 큰 시장, 소싱 페어의 장점

　알리바바는 다양한 검색 과정을 통해 상품 페이지에 하나하나 들어가서 상품의 품질, 제품의 사용 방법, 사이즈 및 스케일 등을 확인해야 합니다. 제품을 실물로 보는 것이 아니기 때문에 직관적으로 이해하기가 어렵다는 것이 알리바바의 가장 큰 한계입니다. 제조사에 샘플을 요청하여 받았는데, 생각보다 사이즈가 크거나 원하는 품질이 아닌 경우도 꽤 있습니다.

　소싱을 위해 제조사와 바이어가 모이는 캔톤 페어와 같은 페어 현장에서는 제품의 견적, 샘플링, 상품 시연 등 여러 단계를 한 번에 진행할 수 있어서 시간과 비용을 줄일 수 있습니다. 캔톤 페어는 카테고리별로 전시장이 모여 있으며, 한 부스에도 수천 개의 상품이 있습니다. 직접 가서 보면 상품 하나하나에 대한 품질과 사이즈를 생생하게 느낄 수 있습니다.

또한, 캔톤 페어 부스의 크기와 위치, 직원 수 등으로 회사의 규모 및 제조 인프라를 유추할 수 있으며, 전시된 제품의 종류에 따라 제조사와 무역 회사를 쉽게 구분할 수 있습니다. 보통 한 가지 상품의 전문성을 가진 제조사는 한 상품군의 여러 제품을 전시해 두고, 여러 제품을 모아서 유통 판매하는 무역 회사는 다양한 상품군을 보유하고 있습니다. 예를 들어, 매트를 전문으로 제작하는 제조사는 다양한 사이즈와 컬러, 디자인의 매트를 전시하고 있으며, 욕실 용품을 유통하는 무역 회사는 욕실 매트, 수건, 변기 솔, 쓰레기통 등을 함께 전시합니다.

부스에서는 제조사 직원의 시연을 보고 상품에 대한 설명을 들을 수 있으며, 앞으로 어떻게 상품을 개선할 수 있는지도 이야기를 나눌 수 있습니다. 견적도 바로 나오기 때문에, 주변에 비슷한 제품을 전시한 제조사와 가격 비교를 해 볼 수 있습니다. 이 모든 것을 진행하는 데 채 5분도 걸리지 않습니다. 상품에 대한 확신이 있고 제품 기획이 되어 있을 때 캔톤 페어에 참여하면, 제품 탐색 및 제조사 발굴이나 상품 개발에 드는 시간을 훨씬 단축할 수 있습니다.

다만, 캔톤 페어에서는 샘플 구매가 거의 불가능합니다. 샘플을 받는다고 하더라도 부피가 큰 경우에는 캐리어에 넣어 오는 것도 어렵습니다. 제품이 마음에 든다면 현장에서 바로 샘플링 문의를 하고, 한국으로 발송 요청하는 것이 좋습니다. 보통은 페어가 끝나고 한국에 돌아가면 샘플이 도착해 있습니다.

페어를 다녀오고 나면 빠른 속도로 다양한 제품의 개발을 진행할 수 있습니다. 사전에 알리바바로 많은 제품을 보고 한국에서 시장조사를 충분히 한 다음에 간다면, 제품들이 훨씬 더 생생하게 다가오고 기회를 잡을 확률도 높습니다. 당장 페어에 참관하기 어렵다면, 상품 기획서를 꾸준히 써 보면서 알리바바에서 소싱하는 연습을 해 보도록 합니다.

페어에 참관하여 상품을 진행하는 것의 유일한 단점은 결제 및 납기 보증 시스템입니다. 실제로 페어에서 만난 업체와 상품을 진행했던 적이 있는데, 약속한 납기 일정에 가까이 와서는 연락이 안 되기 시작했습니다. 5일, 10일, 그 이상 연락이 안 되다 보니 불안감이 커졌습니다. 그때는 중국에 아는 사람도 없었고, 당장 중국 제조사 주소를 안다고 해도 찾아갈 수 있는 상황도 아니어서 마땅히 해결할 방법도 없었습니다. 다행히 평소 협업하던 거래처가 중국에 지사를 두고 있어 중국 직원의 도움으로 제품을 겨우 받을 수 있었지만, 2차 발주를 할 수 없었고 더는 진행하기 어려웠습니다.

여러 번의 해외 소싱 경험이 있었기 때문에 발생할 이슈에 대해 어느 정도 대응할 수 있었음에도 불구하고, 중간에 납기나 품질에 대한 보증을 서 줄 사람이 없고, 중국에서 일을 함께하는 직원이 없다면 불가능할 수 있겠다는 생각이 많이 들었습니다. 그 이후부터는 페어에 참여해서도 알리바바에서 거래할 수 있는지 확인하거나, 부스의 크기나 위치, 상품의 수를 보면서 협업이 잘 되는 업체를 구분하여 진행하는 것으로 방법을 바꿨습니다.

보통 한국의 대형 유통사는 페어에서 제조사를 먼저 찾고, 상품을 진행할 때는 중국의 중간 브로커와 함께 일하는 경우가 많습니다. 하지만 이러한 경우는 웬만한 자금력이 없다면 진행하기 어려우며, 중국 협력사와 함께 일을 한다고 해도 수수료가 발생하기 때문에 처음 해외 소싱을 진행하는 분이라면 알리바바를 통해서 진행하는 것을 권장합니다.

부록

캔톤 페어 정보 및 준비물, 경험담

3~4년 전에는 캔톤 페어에 대한 정보가 많지 않았습니다. 캔톤페어에 참관하기 전에 미리 알아 두면 좋은 정보와 주의 사항들을 소개해 드릴게요. 추후 캔톤 페어를 방문하게 될 때 도움이 됐으면 좋겠습니다.

캔톤 페어 정보

캔톤 페어 사이트: https://www.cantonfair.org.cn/en-US/

캔톤 페어 바이어 등록: https://buyer.cantonfair.org.cn/en/register/selectiveId

페어 기간: 4월, 9월(2021/2022년은 코로나로 온라인/오프라인 캔톤 페어 진행)

캔톤 페어 운영 시간: 9~17시

옷차림

옷은 최대한 깔끔하게 입거나 비즈니스용 세미 정장을 입는 게 좋습니다. 한국에서 얼마나 큰 회사를 운영하고 있는지 물어볼 수도 있지만, 그렇지 않은 경우가 훨씬 많으며 오히려 옷차림과 인상이 회사의 얼굴이 되는 경우가 많습니다. 사람을 볼 때 자기 정돈이 되어 있지 않으면 일 처리도 깔끔하지 않을 것 같다는 생각을 누구나 할 수 있으므로, 옷은 최대한 깔끔하게 입도록 합니다.

영문 명함

현장에서 명함을 요청하는 제조사가 많습니다. 사람이나 목적에 따라 다르겠지만, 보통 하루에 50~100

개 정도 사용하며 한글 명함보다는 영문 명함을 만들어 가는 것이 좋습니다. 명함은 옷차림에 이어 두 번째 얼굴입니다. 영문 명함에는 회사 이름, 직급, 이름, 주소, 이메일 주소, 회사 홈페이지 또는 쇼핑몰 주소를 넣고, 가능하다면 주력하는 카테고리가 무엇인지, 어떤 종류의 상품에 관심 있는지 큰 카테고리 위주로 기입하는 것이 좋습니다. 거기에 위챗 QR코드까지 기입하면 조금 더 쉽게 연락을 취할 수 있습니다. 만약 준비하지 못했다면, 캔톤 페어 전시관 안에서 영문 명함을 만들 수 있는 서비스를 이용할 수 있습니다. 제조사와 명함을 주고받은 후에는 제품이나 부스 앞에서 명함과 함께 사진을 남겨 두면 나중에 기억하기 좋습니다.

보통 제조사에서는 명함에 있는 이메일 주소로 신제품이나 브로슈어를 보내 주며, 당일 현장에서 상품 개발에 관해서 이야기 나누고 샘플을 요청하였다면 이 내용을 이메일로 정리해서 보내 주기도 합니다. 하지만 너무 많은 제조사에 명함을 뿌리듯이 하는 것은 권장하지 않습니다. 하루에도 수천, 수만 개의 제품을 보게 되는데, 명함을 너무 많이 주면 마음에 드는 제조사와 마음에 들지 않는 제조사를 구분하기가 어렵고, 매일 수십 통씩 메일을 정리해야 합니다. 당장 같이 해 볼 제품은 없어도 신제품을 꾸준히 내는 제조사, 상품의 품질이 좋은 제조사, 제품에 대한 지식이 풍부해서 상품 개발에 관한 대화가 잘 통하는 제조사 등 기준을 정해 두고 명함을 교환하는 것이 좋습니다.

위챗 앱

페어를 다녀 보면 하루에도 수십 개의 카탈로그(브로슈어)와, 수백 개의 명함을 받게 됩니다. 캐리어를 끌고 다니면서 카탈로그를 모으는 분들도 많습니다. 상품에 관해 조금 더 깊게 이야기해 볼 만한 제조사가 있다면, 명함도 좋지만 위챗 친구를 추가해 두는 것이 좋습니다. 한국에서 카카오를 대중적으로 사용하는 것처럼, 중국에서 많이 사용하는 채팅 앱은 위챗(Wechat)입니다. 위챗은 카메라 스캔을 통해서 친구를 맺을 수 있습니다. 이메일이나 알리바바 채팅보다 훨씬 더 답변이 빠르므로 소통을 빠르게 할 수 있습니다.

[아이폰에서 위챗 친구 추가하는 방법] / [위챗 친구 추가 예시 이미지]

바이어 등록증

현장에서 바이어 등록을 하면 입장료가 발생하지만, 한국에서 미리 바이어 등록을 해 두면 현장에서 등록증을 무료로 받을 수 있습니다. 바이어 등록증은 발행일로부터 3년 동안 재등록 없이 사용할 수 있습니다.

캔톤 페어에 다녀왔던 경험담

• 호텔과 교통

캔톤 페어는 한 번 개최될 때 총 3개의 기간으로 나눠서 진행하는데, 제가 관심 있는 카테고리는 2개의 기간 동안 전시를 했습니다. 한 번의 전시 기간은 7~8일 정도이며, 보통 다음 전시 기간으로 넘어갈 때 3일 정도의 기간 동안 부스 교체가 이루어집니다.

캔톤 페어 기간이 다가올수록 호텔 비용과 비행깃값이 오르기 때문에 미리 예매하는 것이 좋습니다. 페어 기간에는 전시관 주변의 많은 호텔에서 개점 시간과 폐점 시간에 맞춰 셔틀을 운영합니다. 캔톤 페어장 내에 지정 주차장이 있고, 같은 장소에 드롭-픽업을 해 줍니다. 시간을 잘 맞춰서 타면 페어 기간에는 불편함 없이 차량을 이용할 수 있습니다. 페어장 내에 택시 정류장도 있긴 하나, 택시 기사가 영어를 잘 못 하는 경우가 많습니다. 개점 시간에는 차가 막힌다고 전시관으로 가는 것을 거부하는 택시도 있으며, 폐점 시간에 택시를 타려면 30분~1시간 이상 기다리는 것이 예삿일입니다. 정해진 택시 정류장이 아닌 곳에서는 2배 이상의 높은 금액으로 택시비를 부를 수도 있습니다. 택시를 타야 하는 경우가 생긴다면, 호텔 이름을 적어 두고 다니는 것이 좋습니다.

• 음식

전시장에서는 체력이 돈입니다. 체력이 있어야 더 많은 제품을 볼 수 있고, 진행하고 싶은 제품에 관해 집중해서 이야기를 나눌 수 있습니다. 체력에 있어서 먹는 것도 매우 중요합니다. 하지만 전시관 안에 있는 식당들은 웬만한 향신료를 다 좋아하고 가리는 음식이 거의 없는 저도 먹기가 힘들었습니다. 맥도날드, 파파존스도 있지만, 중국 입맛에 맞춰져 있어서 입맛에 안 맞을 수도 있으니, 김이나 통조림 등을 챙겨가서 식당에서 같이 먹는 것을 추천합니다.

• 사전 계획

캔톤 페어는 코엑스 전시관의 30배 이상 규모의 전시관을 가지고 있습니다. 아침 9시부터 오후 5시까지 걷고 또 걸으면서 제품을 찾아야 하고, 상상을 초월하는 전시관의 크기와 빼곡히 채워져 있는 부스들, 쏟아지는 제품을 보다 보면 길을 잃기 쉽습니다. 왔던 곳을 다시 돌게 될 수도 있고, 상품만 보고 걷다 보면 어느새 다른 전시관으로 넘어가 있는 경우도 많으며, 봐야 하는 제품을 못 보게 되는 경우도 생깁니다. 특히 길을 잘 못 찾는 분이나 방향 감각이 없는 분들은 출발하기 전에 어떤 곳을 갈지 미리 계획해 두는 것이 좋습니다.

• 페어가 끝난 후

페어가 끝나고 호텔로 돌아와서는 그날 봤던 상품과 제조사를 바로 정리합니다. 다음날 전시장에 가면 전날 봤던 제품이 기억나지 않을 수도 있으니, 당일 저녁에 정리하고 빠르게 시장조사를 해 보면서 추가로 궁금한 부분이 생기면 다음 날 다시 가서 상의하도록 합니다. 하루에 2만 보 이상 걷게 되어 피곤하겠지만, 중국까지 가서 많은 것을 얻어 오려면 당일에 정리하는 것이 좋습니다.

시간과 비용에 여유가 있다면, 비슷한 시기에 홍콩 페어나 주변에서 열리는 페어에 참여해 보세요. 정말 마음에 드는 회사가 있다면, 페어 기간이 끝나고 제조사의 공장을 방문해 보는 것도 좋습니다.

[제조사 쇼룸 방문]

알리바바, 세계 최대 B2B 플랫폼

지금까지 중국 최대의 페어인 캔톤 페어의 방문 팁과 경험담에 대해서 이야기했습니다. 하지만 현재는 코로나 팬데믹으로 인해 직접 방문하기가 어려워졌습니다. 이번 팬데믹으로 해외 소싱의 형태도 많은 변화가 있었으며 VR이나 라이브를 활용하는 쪽으로 방법이 많이 바뀌고 있습니다. 손품과 발품 중 상황적으로 손품을 더 많이 팔아서 제품과 제조사를 찾아야 할 때입니다.

온라인으로 해외 제조사를 찾는 방법 중 가장 보편적으로 사용하는 방법은 알리바바를 통해서 찾는 것입니다. 알리바바에는 150,000개 이상의 제조 공장이 등록되어 있습니다. 전 세계의 제조사와 바이어를 연결해 주는 세계 최대 플랫폼으로, 다양한 비즈니스 서비스를 제공합니다. 알리바바는 좋은 제조사를 여러 가지 지표로 표기하고 등급화하여 바이어가 쉽게 구별할 수 있도록 정보를 제공하며, 제조 공장을 영상으로 제공하기도 하고, 인증서도 확인할 수 있습니다. 알리바바를 잘만 활용하면, 해외에 있는 제조사를 직접 방문하지 않고도 좋은 제조사와 함께 제품을 만들어 낼 수 있습니다.

1. 알리바바를 써야 하는 이유 6가지

① 낮은 가격과 낮은 최소 발주 수량

알리바바는 많은 제조사가 모여 상품을 판매하는 플랫폼이다 보니, 제조사들도 경쟁력을 갖추기 위해서 여러 가지 노력을 하고 있습니다. 특히, 다른 제조사와의 비교가 쉽기 때문에, 가격을 무조건 높게 책정할 수 없습니다. 국내 제조사보다 훨씬 가격도 저렴하고, 발주 수량도 낮아서 초기 발주 비용, 즉 투자금이 적어도 진행 가능한 상품들이 많습니다. 처음에 테스트 판매를 해 보고, 판매가 좋다면 그 이후에 더 많은 수량을 발주함으로써 초기에 재고를 부담해야 하는 리스크를 줄일 수 있습니다.

② 다양한 상품 카테고리 및 상품 수

알리바바는 집 빼고 다 파는 것 같습니다. 실제로는 컨테이너 하우스도 파니, 집도 판다고 할 수 있겠네요. 무언가를 생산하기 위한 자재부터 부속품 등 여러분이 생각하는 모든 제품을 찾을 수 있습니다.

③ 좋은 접근성

이제는 제조사를 직접 찾아다니지 않아도 온라인에서 만날 수 있습니다. 과거에는 중국의 이우나 광저우에 있는 도매시장 혹은 박람회에 가야만 제품을 볼 수 있었는데, '알리바바'라는 온라인 사이트에 제조사가 모두 모여 있고 여러 업체를 한 번에 만날 수 있으니 정말 편리합니다. 실제로 저도 제조사와 한 번도 만나지 않았고 얼굴도 모르지만, 4차, 5차 오더를 진행하는 경우도 많습니다. 알리바바 내 메시지 센터에서 채팅으로 대화를 시작할 수 있다는 것도 큰 장점입니다. 따로 약속 시각을 정해서 미팅하지 않아도 되고, 미팅 장소까지 가는 시간도 발생하지 않으며, 인터넷만 연결되어 있으면 만날 수 있으므로 접근성이 매우 좋습니다.

④ 직접 커뮤니케이션

 과거에는 중국에서 물건을 수입하기 위해서는 무역 대행 회사를 통해서 진행하는 것이 일반적이었습니다. 이 경우, 상품의 옵션이나 패키지 등의 내용을 하나하나 대행 회사를 통해 전달해야 했고 궁금한 것을 물어볼 때도 항상 대행 회사를 거쳐야 했습니다. 그러다 보니, 중간 전달 과정에서 자료나 내용이 누락된 경우에는 책임 소재를 묻기가 애매했습니다. 하지만 알리바바에서는 제조사와 직접 대화를 하므로, 정확하고 직접적인 소통을 할 수 있습니다.

[알리바바 메시지 센터]

⑤ 무역 보증 서비스

 해외 소싱을 하면서 가장 불안한 부분은 벌크 오더를 하고 결제를 했는데 제품이 오지 않거나 협의했던 제품의 품질로 배송되지 않는 것입니다. 제조사와의 비즈니스에서 가장 중요한 것은 발주 전 상의한 제품의 품질로 배송되는 것과 납기 일정입니다. 알리바바에서 제공하는 서비스 중 메인 서비스는 Alibaba Trade Assurance(무역 보증 서비스)로, 품질과 납기에 대해서 제조사와 분쟁이 있을 때 알리바바가 중간에서 보증을 서는 역할을 하고 있습니다.

중 하나를하는 경우에는 제품 품질 이나 배송 날짜가 당신과 공급 업체가 전시회 보증 온라인 주문으로 동의 한 것을 다릅니다. 우리는 당신의 돈을 다시 받고 포함하여 만족스러운 결과를 도달 당신에게 도움을 제공 할 것입니다

 제품의 품질   정시 출하 일자

전문가 팁: Trade Assurance 온라인 주문은 귀하와 귀하의 공급업체가 제품 품질을 정의하고 배송 날짜를 지정하는 곳입니다. 더 잘 보호할 수 있도록 주의 깊게 검토하십시오.

Trade Assurance(무역 보증 서비스)에서 지원하는 경우

1. 제품에 불량이 있을 때
2. 제품이 협의 및 기재된 사항과 다를 때
3. 제품의 수량 및 색상이 잘못 배송되어 왔을 때
4. 판매자 귀책으로 각종 물류/통관 이슈가 발생했을 때

판매자가 알리바바의 무역 보증 서비스에 가입하기 위해서는 일정 금액을 예탁해야 합니다. 분쟁 시, 바이어 측의 이야기가 타당하다고 확인되면, 해당 예탁 금액에서 바이어에게 환불해 줍니다.

무역 보증을 제공하는 회사는 S에 왕관이 씌워진 마크가 있습니다. 보증을 받기 위해서는 이 마크가 있는지 확인 후 견적 요청을 하고, 알리바바의 채팅창을 이용해야 합니다. 또한, 결제할 때에도 알리바바의 결제 시스템을 사용해야 합니다. 만약 문제가 생겼다면 제품 수령 후 30일 이내에 분쟁 신청을 할 수 있습니다. 무역 보증 서비스를 사용하는 데에 대해 별도의 수수료는 발생하지 않고, 결제하는 수수료에 모두 포함되어 있습니다.

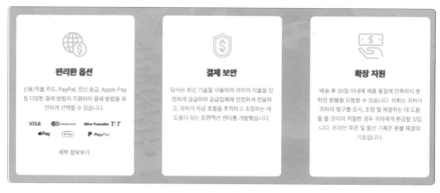

⑥ 언어 장벽의 해소

중국어나 영어를 못 해도, 다양한 번역기를 이용해 상품을 제작하는 데 필요한 대화를 할 수 있습니다. 실시간 대면 소통이 아닌 채팅 방식으로 소통하기 때문에, 번역 기능을 사용할 수 있는 것이죠. 구글 번역기를 사용해도 좋고, 알리바바에서 제공하는 번역 시스템을 사용할 수도 있습니다. 다만, 알리바바 페이지에서도 번역 기능을 제공하지 않는 페이지도 있으며, 상품을 검색할 때에는 영어로 검색해야 합니다. 효율성을 위해서는 간단한 소통 용어나 견적 템플릿을 만들어 놓고 외워서 사용하는 것이 좋습니다.

부록

번역 기능 사용하기

알리바바 사이트에서 이용하기

알리바바 웹사이트에서 언어 및 통화를 설정하면 알리바바 전체 페이지가 모두 한글로 번역되어 보입니다.

오른쪽 상단 > English-USD > 언어: 한국어, 통화: KRW-한국 원으로 변경

알리바바 모바일 이용하기

알리바바 모바일은 채팅 칸이 2 개로 나뉘어 있는데, 한글로 작성하면 곧바로 영어로 번역하여 발송하는 기능이 있어서 실시간으로 번역 기능을 사용할 수 있습니다.

구글 크롬을 이용한 페이지 번역

구글에서 제공하는 크롬 번역을 이용할 수도 있습니다. 알리바바에서 번역을 제공하지 않는 페이지도 있기 때문에, 그런 경우에는 크롬 번역을 이용합니다.

크롬 다운로드 > 크롬에서 알리바바 열기 > 번역하고 싶은 페이지에서 마우스 왼쪽 버튼 클릭 > 한국어로 번역 클릭

비즈니스 무역의 최적화, 알리바바 200% 이해하기

알리바바 서비스를 잘 이해하면, 해외 소싱을 더욱 편하게 진행할 수 있습니다. 사실 이 방법 외에도 다양한 방법이 있겠지만, 관련하여 인맥이 없고 혼자 시작해야 하는 분이라면, 알리바바 서비스에 더욱 의존할 수밖에 없습니다.

알리바바에는 150,000개 이상의 제조사, 유통사, 무역 회사 등 다양한 형태의 공급자가 등록되어 있습니다. 알리바바에서는 공급자를 'Supplier'라고 하고, 제품을 의뢰하고 주문하는 사람을 'Buyer'라고 합니다. 이번 장에서는 제조사 등을 모두 통칭하여 '공급자', 물건을 의뢰하는 사람, 즉 독자 분들을 '바이어'라고 부르겠습니다.

1. 알리바바, 여러 가지 공급자 지표

상품을 검색해서 찾으면 상품 이미지 오른쪽에 다양한 정보가 기재되어 있습니다. 가장 상단에 상품명과 가격, 그리고 최소 주문 수량이 있고 그 아래에는 공급자 정보가 있습니다. 첫 번째로는 국가를 알 수 있고, 알리바바에서 공급자로 서비스를 제공한 연수를 확인할 수 있습니다.

아래의 리뷰와 별점은 다른 바이어가 공급자를 평가한 내용입니다. 제조에 대해서 어떤 평가를 받고 있는지 궁금한 분들은 여기에서 확인할 수 있습니다. 거래 건수 및 거래 금액이 많다는 것은 바이어와 많은 거래를 하고 있다는 뜻이며, 다양한 바이어 요구에도 대응을 잘해 줄 가능성이 큽니다.

상품 소개 페이지에 들어가면 볼 수 있는 S 글자에 왕관이 있는 지표는 알리바바에서 제공하는 Trade Assurance 기준에 따라 품질과 납기를 보장하겠다는 것입니다. 나머지 2개는 알리바바에서 다양한 기준으로 공급자를 평가하는 지표의 표기입니다. 지표에 대해서 더 자세히 알아보도록 하겠습니다.

• **Gold Supplier(골드 공급 업체) / Verified Supplier(검증된 공급 업체)**

Gold Supplier는 알리바바에서 가장 먼저 제공한 공급자 프리미엄으로, 일반 공급자보다 더욱 노출을 잘 시켜 주는 개념으로 시작했습니다. 점점 더 많은 공급자가 알리바바에 등록하자, 알리바바에서도 공급자의 정보를 바이어에게 더 잘 알려 주기 위해서 도입한 제도가 Verified Supplier입니다. Verified Supplier는 말 그대로 알리바바에서 인증하는 공급자라는 뜻입니다. 공급자 정보 및 서비스 제공 요건이 알리바바에 모두 부합한다는 것인데, 자세한 내용은 68페이지의 표를 참고해 주세요.

Verified supplier에 대해서 간략하게 소개하자면, 회사 소개에 제조 공장인지 무역회사인지 공개하게 되어 있으며, 공장의 모습을 동영상 혹은 360도 VR로 제공해야 합니다. 또한, 다른 경쟁사보다 더 낮은 최소 주문 수량과 같은 경쟁력 있는 이점들을 표현하게 되어 있습니다. 공급자의 제품을 개발하는 R&D 역량 및 시설도 갖춰야 하며, 생산 설비, 품질에 관한 프로세스도 까다롭게 요구합니다.

알리바바에서는 모든 공급자가 공급자 홈페이지를 운영할 수 있습니다. 운영하는 사이트에 방문하면 공급자의 연락처, 공장 설비 및 인증 정보와 제공하는 상품을 종류별로 확인할 수 있습니다.

SGS와 같은 품질 검증 시험 및 인증 서비스 기업과 협력하여, 더욱 안전하고 고품질의 제품을 제공하기 위한 시스템도 점점 늘어나는 추세입니다.

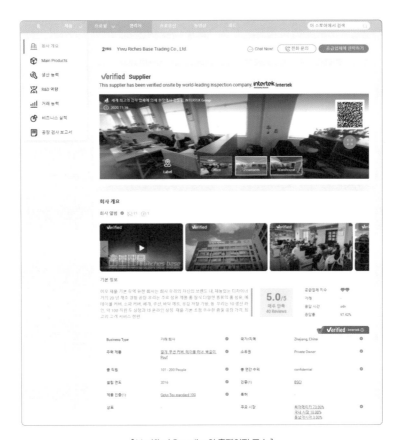

[Verified Supplier의 홈페이지 모습]

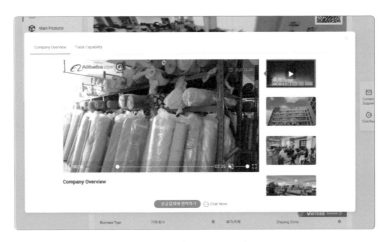

[공급자의 회사 소개 동영상]

Gold Supplier(골드 공급 업체)와 Verified Supplier(검증된 공급 업체)의 차이점		
	Gold Supplier(골드 공급 업체) A&V 및 현장 확인	Verified Supplier(검증된 공급 업체) 독립적인 제3자 기관의 심층 검사
기본 프로필		
사업자등록증 및 소유권 상태	O	O
연락처 정보	O	O
회사/공장 위치	O	O
회사 개요		
사업 유형 및 회사 구조 (예: 무역 회사, 제조 업체 또는 둘다)		O
검사 비디오 및 360° VR 파노라마		O
경쟁 우위 (예: 낮은 최소 발주 수량, 대규모 계약 사례 등)		O
거래 능력		
수출 시장 및 시장 유통		O
주요 고객		O
연구 개발 능력		
연구 개발 직원		O
설계 프로세스 및 장치		O
생산 능력		
생산 능력 및 흐름		O
생산 기계		O
하청 업체		O
품질 관리 능력		
품질 관리 시스템 및 QC 프로세스		O
제품 인증		O
테스트 능력		O
애프터 서비스 능력		
애프터 서비스 제공		O
해외 애프터 서비스		O

• SOPI, 공급자의 서비스 품질

SOPI는 Supplier Online Performance Index의 약자로, 공급자의 서비스를 평가하는 지표입니다.

평가는 알리바바에 등록된 프레젠테이션 품질, 제품의 인기도, 거래량, 서비스 품질 측면에서 측정됩니다. 6단계로 구분되며, 레벨 5가 가장 높은 수준입니다. 레벨 0을 받은 공급자는 회색 다이아몬드로 표시되고, 나머지는 주황색으로 표시됩니다. 현재 SOPI는 중화권에 있는 공급자만 평가 대상이고, 다른 공급자에도 곧 적용될 예정입니다. 모든 수치는 30일 기준으로 평가합니다.

프레젠테이션 품질은 제품의 정보 완전성, 최근 문의 수 및 구매자 수를 기준으로 점수가 매겨집니다. 제품의 인기도는 바이어가 요청한 견적 문의 및 RFQ 수입니다. 문의 이후 주문으로 전환되는 것까지 포함하고, 평균 응답 시간도 포함됩니다. 가장 높은 레벨 5는 응답을 8시간 이내에 답변해야 해당 레벨을 받을 수 있습니다. 거래량은 공급 업체의 총 거래량, 재구매율, 결제 전환율 등을 파악한 수치이며, 서비스 품질에서는 납기준수 및 구매자 평가도 포함됩니다. 이러한 공급자 지표를 보면서 제조사의 규모나 서비스를 확인할 수 있습니다.

공급자는 제조 설비를 계속 가동하여 생산성을 높여 많은 제품을 생산해야 이익이 남는 구조입니다. 그렇기 때문에 주문이 적은 것보다 많은 것이 사업체를 운영하기에 훨씬 유리합니다. 많은 공급자가 알리바바를 통해서 바이어를 만났고, 코로나 팬데믹으로 인해 박람회마저도 온라인으로 전환되고 있어 온라인에서 공급자를 홍보해야 하는 시대로 접어들고 있습니다. 세계 유일한 B2B 플랫폼인 알리바바의 영향력은 점점 더 커지고, 공급자들은 더욱 알리바바의 플랫폼 기준에 맞게 품질 및 납기, 높은 품질의 서비스를 제공하기 위해서 노력하고 있습니다.

* 참고: SOPI 정보 – https://activity.alibaba.com/helpcenter/SOPI.html

2. 제조 공장 vs 무역 업체

알리바바의 서비스가 고도화되면서, 무역 시장의 분위기와 상황은 빠르게 변하고 있습니다. 알리바바 플랫폼에서 공급자는 ①공장에서 만드는 상품을 등록하여 서비스를 제공하는 제조 공장과 ②제조 공장과 연결하여 다양한 제품을 판매하는 무역 업체로 나뉩니다. 과거에는 제조 공장의 상품 가격이 더 저렴하기 때문에 제조 공장을 찾기 위해 노력을 했습니다. 하지만 현재는 알리바바의 다양한 검색 기능과 서비스 발전으로 제조 공장과 무역 업체에서 판매하는 상품 가격에 큰 차이가 나지 않습니다.

그럼 어떤 업체와 함께 일을 하는 것이 좋을까요? 결론부터 말하자면, 제조 공장이나 무역 업체 같은 공급자의 형태에 집중하기보다는, 의사소통이 잘 되는 업체와 일을 하는 것이 좋습니다. 의사소통이 잘 된다는 것은 제작 요청한 제품이 높은 품질과 낮은 가격으로 제작되어, 원하는 날짜에 한국에 입고되는 모든 일련의 과정에서 파트너로 적극적으로 대응해 줄 수 있음을 의미합니다.

무역 업체는 여러 제조 공장의 제품을 특정 카테고리에 맞게 소싱해서 바이어에게 재

판매하는 역할을 합니다. 제품에 대한 이해도도 높고, 상품에 대한 무역 업무도 하므로 전체적인 소싱 커뮤니케이션 비용이 확실히 줄어듭니다. 또한, 하나의 카테고리에 다양한 제품을 가지고 있기 때문에 빠르게 상품을 확장하기에도 좋으며, 샘플링을 할 때도 배송비를 절감할 수 있습니다.

한 가지 예로, 주방용품 카테고리를 집중해서 소싱하는 바이어라고 가정해 보겠습니다. 주방용품은 스테인리스나 실리콘과 같은 소재를 많이 사용하는데, 소재에 따라 설비와 제작 기술이 다르기 때문에 한 제조 공장에서 모두 제작하는 것이 어렵습니다. 그래서 각 소재를 다루는 제조사에 연락해서, 제품에 대한 콘셉트를 논의한 후 제품을 제작해야 합니다. 한 가지 소재의 상품만 판매하고자 한다면, 각각의 제조 공장과 업무를 진행하는 것이 유리할 수 있습니다. 하지만 주방용품 카테고리 내의 식기, 용기, 도구 등 다양한 상품군을 한 번에 진행하고 싶을 때는, 다양한 소재를 다루는 주방용품 제조사와 협력 관계에 있는 다양한 주방용품을 다루는 무역 업체와 진행하는 게 훨씬 유리합니다.

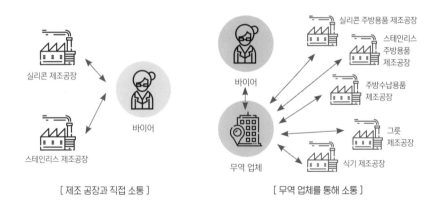

[제조 공장과 직접 소통]　　　　　[무역 업체를 통해 소통]

저는 실무에서 제조 공장을 찾을 때 제조 공장인지, 무역 업체인지를 가장 중요한 요소로 두고 공급자를 선택하기보다는, 우선순위를 품질, 가격 그리고 소통 능력(응답률, 상품에 대한 이해 등)에 두고 있습니다. 소통 능력은 응답률로 확인하기도 하지만, 실제로 대화를 해 보면서 느끼는 경우가 많습니다. 응답률과 같은 수치는 처음 진행할 때 참고용으로 사용하고, 제조사와 대화도 많이 해 보고 견적도 요청하면서 감을 익히는 게 가장 빠른 길입니다.

알리바바에서 상품을 검색하는 방법

알리바바에서 상품을 찾는 방법은 키워드로 검색하는 방법, 이미지로 검색하는 방법, 상품 의뢰서를 작성하여 알리바바에 포스팅하는 방법까지 총 3가지가 있습니다.

1. 키워드 검색 방법

키워드 검색은 가장 전통적인 방법입니다. 이미지 검색이나 상품 의뢰서 작성은 나중에 나온 알리바바 서비스로, 이 2가지 방법보다는 키워드 검색으로 목적에 맞는 상품을 더 잘 찾을 수 있습니다. 키워드로 상품을 찾을 때 주의해야 할 점은 키워드는 모두 영어로 작성해야 하고, 그 영어가 실제로 영어권에서 사용하는 단어여야 합니다. 예를 들어, 블랙박스 카메라는 우리나라에서만 사용하는 제품 이름이고 영미권에서는 Dash Cam이라고 부르니, 검색어는 Dash Cam으로 작성해야 합니다.

키워드 작성에도 몇 가지 팁이 있습니다. 공급자가 상품명을 어떻게 기재하는지 알면, 상품을 찾을 때 도움이 많이 됩니다.

• 정확한 상품명으로 찾기

'아이폰 13 가죽 핸드폰 케이스', '12cm 유리컵', '근육 마사지건' 등 찾고자 하는 상품명이 정확할 때 검색하는 방법입니다. 공급자는 출시 연도, 상품명, 상품의 효능 및 기능, 상품의 특징 등을 기입하여 상품을 등록합니다. 어떤 키워드로 검색해야 할지 모를 때, 제조사가 어떻게 입력했을지를 생각하면서 상품을 찾는다면, 원하는 제품을 훨씬 잘 찾을 수 있습니다.

아래 예시를 보면, '2021년에 만들어진 새로운 디자인으로 근육, 근막을 풀어 주는 전문적이면서, 충전 가능하며, 브러시리스 모터를 장착한 작은 사이즈 마사지건'으로 등록되어 있습니다. '작은 마사지건', '근육 근막 이완 마사지건', '브러시리스 모터 마사지건', '2021년 신제품 마사지건'으로 검색했다면, 이 제품을 찾을 수 있었을 것입니다. 원하는 제품의 스펙이나 기능이 명확하면 그 단어를 사용해서 검색하는 것이 가장 빠릅니다.

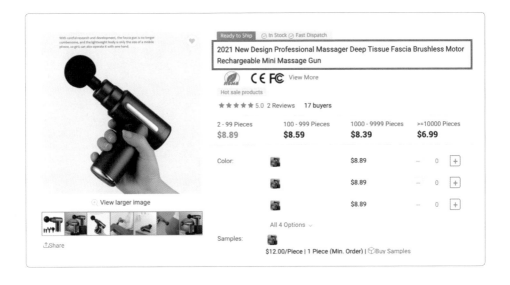

상품명의 구조 예시

상품명: 2021 New Design Professional Massager Deep Tissue Fascia Brushless Motor Rechargeable Mini Massage Gun

2021 New Design = 출시 연도
Professional Massager = 상품명 1
Deep Tissue Fascia = 상품의 효능 및 기능
Brushless Motor Rechargeable Mini = 상품의 특징
Massage Gun = 상품명 2

• 상품명 + 행동 = 키워드

 두 번째는 특정 문제를 해결하고 싶은데, 어떤 키워드로 검색해야 할지 모를 때 사용하는 방법입니다. 고객이 해결하고 싶은 문제의 행동을 키워드로 상품명에 붙이면, 더욱 차별화된 상품 기획을 할 수 있습니다.

 예를 들어, "만성 어깨 뭉침, 승모근을 효과적으로 풀고 싶어요!"라는 고객의 문제에서부터 시작해 보겠습니다. 시장조사를 통해 같은 문제를 가지고 있는 고객의 행동을 살펴보니 스트레칭이나 운동을 통해서 해결하기도 하고, 마사지를 통해서 해결하기도 합니다. 이러한 다양한 해결 방법 중 상품으로 만들 수 있는 키워드를 다시 세분화합니다. 그중에 마사지를 하는 제품으로 문제를 해결하고자 마음을 먹었습니다. 그럼 'massage'라는 키워드를 중심으로, 미사지하는 행동, 마사지 제품, 부위 등을 붙여 키워드를 만들어서 검색할 수 있습니다.

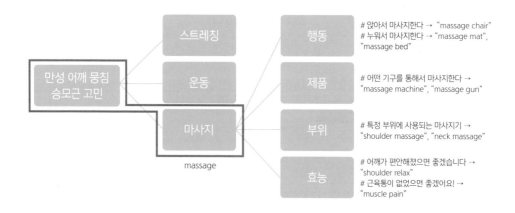

 키워드를 어떻게 검색하느냐에 따라서 결괏값은 천차만별입니다. 키워드에 고객의 문제를 넣어 검색했을 때, 평소에 생각하지 못했던 제품들이 검색 결과에 노출되면서 새로운 아이디어를 얻을 수도 있습니다. 마사지 기기의 효과를 극대화해 줄 마사지 젤과 함께 상품을 구성할 수도 있고, 마사지 단계를 나누어 1단계에는 마사지 기기를 사용하여 근육 이완을 하고, 2단계에는 심신 안정을 하는 데 도움이 되는 상품을 함께 구성하여

'힐링'이라는 컨셉으로 고객들에게 새로운 경험을 제공할 수도 있습니다.

즉, 처음부터 '마사지 기기'에서 상품을 선택하는 것과는 차별화된 결괏값을 가져올 수 있다는 것입니다. 다른 판매자와는 다른 경쟁력 있는 상품을 소싱하고, 지속적으로 판매하기 위해서는 '키워드 검색'을 다양하게 구성해 보는 것이 중요합니다. 출시 연도, 상품의 특장점, 효능 등 다양한 키워드로 최대한 많이 검색해 보길 바랍니다.

2. 이미지 검색 방법

• 검색창에 이미지 업로드

다음으로는 검색이 아닌 이미지로 상품을 찾는 방법도 있습니다. 검색 창에 상품 이미지를 5MB 이내로 업로드 하면, 이미지와 가장 비슷한 제품을 찾아 주는 알리바바 서비스입니다. 이미지 검색 알고리즘은 컬러값과 제품의 형태를 기반으로 찾아 줍니다. 한 가지 팁을 드리자면, 배경이 없고 제품만 나와 있는 이미지를 사용했을 때 훨씬 정확하게 상품을 찾을 수 있습니다.

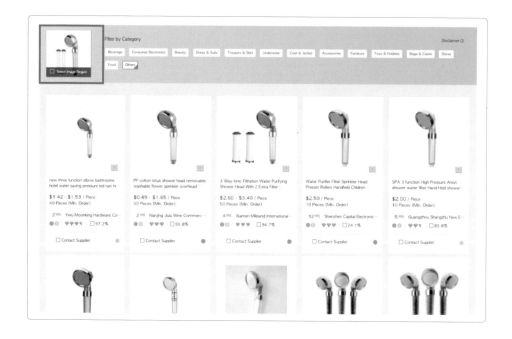

• 크롬 확장 프로그램, Alibaba search by image

크롬의 확장 프로그램인 'Alibaba search by image'는 1초 만에 제품을 찾을 수 있는 프로그램입니다. 이 프로그램을 사용하면 국내 사이트를 서치하다가 이미지 위에 마우스를 올려놓았을 때 주황색 화살표가 나타나는데, 이 화살표를 누르면 알리바바 검색 결과 페이지로 이동합니다. 국내 가격과 알리바바 가격을 가장 빠르게 비교할 수 있는 프로그램이라 자주 사용하고 있습니다. '이미지 검색'과 마찬가지로, 검색 결과의 정확도가 떨어지는 것이 단점입니다.

Alibaba search by image 설치 방법

1. 크롬 실행 후, 구글 창에 'Alibaba search by image' 검색
2. 'Add to Chrome' 클릭

3. 이미지 위에 나타나는 주황색 화살표를 클릭하면 알리바바로 이동

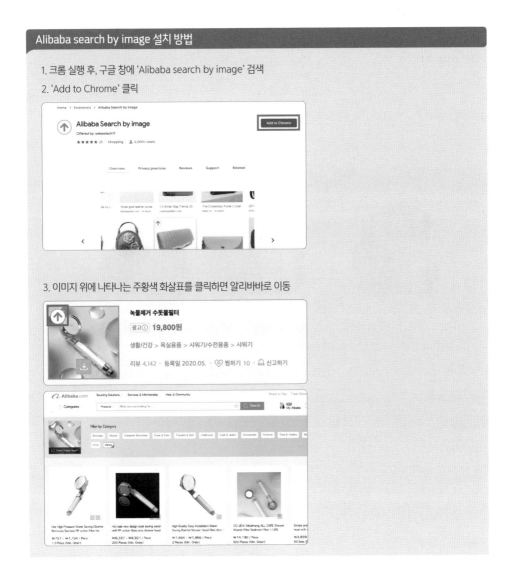

3. 찾고 싶은 상품이 검색해도 나오지 않을 때 사용하는 방법 3가지

• 상품 제작 의뢰서로 상품 찾기

키워드 검색, 이미지 검색으로도 상품을 찾지 못했다면, 바이어가 원하는 조건의 상품을 알리바바 공급자에 제작 의뢰하는 방법이 있습니다. 알리바바 사이트에 상품 제작 의

뢰서를 등록하면, 공급자가 상품 제작 상담에 응답하면서 견적을 받는 서비스입니다. 서비스 이름은 RFQ(Request For Quotation)이며, RFQ는 공급자가 상품 제작 의뢰서를 보고 공급해 줄 수 있다고 판단이 되면 연락을 먼저 주기 때문에, 시간을 아낄 수 있다는 장점이 있습니다. 제품의 종류, 수량에 따라서 응답률의 차이가 있을 수 있습니다.

여러 견적 받기   적합한 공급 업체 식별   공급 업체 파트너십 개발

[RFQ 양식]

• 비슷한 상품을 찾고, 공급자에게 연락해서 제작 요청

키워드, 이미지, 상품 제작 의뢰서로도 원하는 제품을 알리바바에서 찾기 어려울 수 있습니다. 이럴 경우엔, 알리바바에서 최대한 비슷한 상품을 찾고, 해당 공급자 사이트에 들어가서 공급자 지표나 상품군을 보면서 제조사의 전문성을 파악한 후, 대화를 통해서 원하는 상품을 만들어 줄 수 있는지 확인합니다.

예를 들면, '구스 담요'를 만드는 업체를 찾는 것이 아니라, '구스 이불', '구스 베개'를 제작하는 제조사에 '구스 담요'를 제작해 줄 수 있는지 문의하는 것입니다. 구스 담요는 시중에 많이 판매되고 있는 제품이 아니어서 키워드 검색으로 찾기가 어렵기 때문에, 이런 방법을 이용해야 합니다.

• 1688, 타오바오에서 상품 찾기

알리바바에서의 소싱은 대부분 중국을 대상으로 하고 있습니다. 알리바바에서 모든 상품을 검색하는 것이 아니라, 1688이나 타오바오에서 상품을 찾은 후 알리바바에서 재검색하는 방법도 있습니다. 1688, 타오바오에서 마음에 드는 상품이 있다면, 해당 상품의 이미지로 알리바바에서 이미지 검색을 통해 찾을 수 있습니다. 상품 페이지에 제조사명이 표기되어 있다면, 제조사명을 알리바바에 검색해서 찾을 수도 있습니다. 1688이나 타오바오는 중국 내수 플랫폼이기 때문에 중국어로 검색해야 더 많은 정보가 나옵니다. 구글 번역기나 네이버 파파고를 통해서 번역 후 검색하면 쉽게 찾을 수 있습니다.

지금까지 키워드, 이미지, 상품 제작 의뢰서 작성(RFQ) 등 다양한 상품 검색 방법에 대해서 알아봤습니다. 상품을 검색하고 찾는 방법은 다양하지만, 키워드 검색이 가장 빠르고 정확합니다. 키워드로 제품을 찾는 연습을 많이 해 보세요.

알리바바 / 1688 / 타오바오 / 알리익스프레스의 차이점

해외 소싱이나 해외 구매 대행에 관심이 있는 사람이라면, 알리바바, 1688, 타오바오, 알리익스프레스 모두 많이 들어본 쇼핑 플랫폼일 것입니다. 이 모든 사업은 알리바바 그룹에서 운영하며, 사용하는 대상과 목적이 다릅니다.

① 알리바바(세계 제조사, 유통사 ↔ 세계 도매상, 소매상)
세계 최대 B2B 플랫폼으로 무역에 최적화되어 있습니다. 대상은 전 세계에 있는 제조사, 유통사와 바이어입니다. 다른 플랫폼과 달리 해외 수출 업무에 대한 이해도가 있는 직원들이 배정되며, 플랫폼에서 다양한 언어 및 통화를 설정할 수 있고, 다양한 무역 서비스도 제공합니다.

② 1688(중국 제조사, 유통사 ↔ 중국 도매상, 소매상)

1688도 B2B 플랫폼이나, 중국 내수 시장 타깃입니다. 중국의 제조사, 유통사와 중국의 도매상, 소매상을 이어 주는 플랫폼이죠. 1688을 통해서 한국에 상품을 소싱하기 위해서는 해외 배송 대행사를 거쳐야 하나, 수출입에 대한 업무가 미숙할 수 있습니다. 바이어인 여러분의 수출입 업무에 대한 부담이 커질 수밖에 없습니다. 제품 제작이나 제품 디테일 변경 요청은 위챗이나 다른 채팅으로 진행할 수 있지만, 중국어가 어려운 분들은 소통이 어려울 것입니다.

③ 타오바오(중국 제조사, 유통사 ↔ 중국 일반인)

타오바오는 B2C 플랫폼으로, 중국에서 제품을 제작하고 유통하며 일반 중국인을 대상으로 합니다. 쉽게 말해서, 우리가 네이버 등 다양한 쇼핑몰에서 구매하는 방식과 같습니다. 중국인 대상이기 때문에 중국 내륙 배송을 포함한 모든 물류 업무와 수출입 업무는 모두 바이어가 진행해야 합니다. 해외 소싱을 하는 바이어에게 적절한 플랫폼은 아닐 수 있습니다. 하지만 신제품을 찾고, 시장 동향을 살피는 데 도움이 됩니다.

④ 알리익스프레스(해외 제조사, 유통사 ↔ 해외 일반 구매자)

알리 익스프레스는 B2C 플랫폼으로, 사용 대상은 해외에 있는 일반인입니다. 개인에게 배송 시스템이 연결되어 있기 때문에 배송 업무가 없지만, 다른 플랫폼에 비해 비싸기 때문에 해외 소싱처럼 대량으로 수입할 때에는 적절하지 않습니다.

구분	알리바바	1688	타오바오	알리익스프레스
기업	알리바바 그룹			
거래 방식	B2B	B2B	B2C	B2C
거래 타깃	해외 바이어	중국 바이어	중국 소비자	해외 소비자
글로벌 거래 가능 여부	O	X	X	O
무역 조건 (인코텀즈)	정해진 것이 없으며 협의하여 진행 (보통 FOB, EXW를 많이 사용)	E, F조건	E, F조건	D조건

* 인코텀즈에 대한 자세한 내용은 5장을 참고해 주세요.

이러한 다양한 플랫폼은 상품을 찾는 용도로 이용하거나, 구매 대행을 통해서 시장성을 검증하는 데 활용하기 좋습니다. 차이점을 이해하고 적절하게 활용해 보는 것도 좋습니다. 하지만 이 중에서 해외 소싱을 하는 데에 최적화되어 있는 플랫폼은 알리바바입니다.

PART 2

해외 소싱 실전

Part 1에서 구매 대행, 국내 소싱을 통해서 시장성을 검증하고,
해외 소싱을 통해서 경쟁력 있는 상품을 제작하여 마진을 극대화하며,
지속 가능한 판매를 할 수 있는 방법에 대해서 알아봤습니다.
해외 소싱이 처음인 분들은 효율적인 플랫폼인 알리바바를 통해서 진행하는 것이
훨씬 안전하기 때문에, 알리바바 서비스를 활용하는 방법에 대해서 소개했습니다.

Part 2에서는 알리바바에서 상품을 소싱하는 과정을 알려 줍니다.
개발하고 싶은 카테고리나 상품군에 따라 다를 수 있지만,
실제로 해외 소싱을 통해서 상품을 제작할 때 어떤 일이 생기고 어떤 리스크가 있는지,
또 어떻게 준비하면 좋을지 설명하겠습니다.

4장

1단계: 경쟁력 있는 상품은 어떻게 만들어지는가? [상품 기획]

해외 소싱에서는 '무엇을' 소싱할지 결정하는 게 가장 어려운 숙제입니다.
이번 장은 여러분들의 삶에서 시작하는 상품 기획 방법과 실습을 제공합니다.
'무엇을 팔아야 하지?'라는 막연한 질문에서 시작해 상품 기획서를 작성하면서
제품에 대한 전략을 구체화할 수 있습니다.

Step 1	Step 2	Step 3	Step 4	Step 5	Step 6	Step 7	Step 8	Step 9
상품 기획/ 시장조사	견적 문의	샘플링	상품 개발	발주/결제	해외 물류	통관/인증	입고/ 판매 준비	상품 판매

경쟁력 있는 상품을 만드는 조건 3가지

1장과 2장에서 해외 소싱으로 경쟁력을 만들고 마진을 높일 수 있다는 이야기와 함께 해외 소싱의 전체 프로세스에 대해 알아봤습니다. 여기까지 읽었다면, "그래서 어떤 상품을 만들어야 하지?"라는 생각까지 도달했을 거예요. 남들과는 다른 상품을 만들어야 더 오랜 시간 높은 마진을 유지하면서 판매할 수 있습니다. 너무 당연한 이야기이지만 너무 어려운 이야기이죠. 관점을 새롭게 설정하고 시야를 확장하는 것이 상품 기획에 도움이 됩니다. 몇만 개씩 판매하는 제품들을 보면 다음과 같은 공통적인 3가지 요소를 가지고 있습니다.

1) 고객의 문제를 해결한다.

2) 지속해서 재구매를 만들어 낸다.

3) 이미 학습된 사용 경험을 이용한다.

1. 집요하게 고객의 문제를 해결한다

고객의 문제를 해결하는 상품은 잘 팔리게 되어 있습니다. 그렇다면, 고객의 문제를 어떻게 찾고 그것을 어떻게 정의해야 할까요? 앞으로 소개하려는 부분은 대기업에서 사용하는 상품 기획은 아니지만, 제가 사용하는 방법 중 문제에 대한 시야를 넓히는 방법에 대한 팁입니다.

먼저, 다른 사람의 문제를 해결하기 전에 자신의 삶을 더욱더 촘촘하게 나눠서 보는 연습을 하면 좋습니다. 각자의 삶에서 불편함과 익숙함을 구분하는 것부터 시작하세요. 익숙해서 불편하다고 생각하지 못했던 부분을 조금 더 세세하게 나눠 보는 겁니다. 예를 들어, 일과를 마치고 집에 돌아와 샤워하고 침대에 누워 있는 모습을 상상해 보세요. 핸드폰을 좀 보다가 일어나서 불을 끄고 다시 침대에 누워서 잠을 청합니다. 여기서 '일어나서 불을 끈다'는 게 너무 익숙한 장면이지만, 사실 누워서 불을 끌 수 있다면 일어나서 불을 끄는 것이 불편함으로 인식될 수 있습니다. 일어나서든 누워서든 자유롭게 불을 끄고 켤 수 있도록, 문제를 해결하는 상품을 만들 수 있습니다.

일상에서의 행동을 하나하나 구분하고 분리해서 본다면, 문제에 조금 더 접근하기가 쉬워집니다. 비 오는 날 우산을 자주 잃어버리는 것도, 식자재가 썩어서 버리는 일도, 음식물 쓰레기를 버리는 일도 모두 불편함으로 인식할 수 있습니다. 또한, 전기 모기 채처럼 집에서 꼭 필요한 제품이라 자주 사용하는데, 디자인이 예쁘지 않아 숨겨 두거나 치워 버리고 싶은 제품도 디자인을 개선한다면 하나의 인테리어 소품이 될 수 있습니다.

문제를 '불편함'으로 인식하고 불편함을 '편리함'으로 바꿀 수 있다면, 그 제품은 고객의 문제를 해결한 상품일 것입니다. 여러분의 행동을 하나씩 적어 보면서 익숙함에 묻혀 있는 불편함은 없는지 생각해 보세요. 생활 습관은 굳어 있는 행동들이기 때문에, 머릿속으로 생각만 해서는 불편함과 익숙함을 구분하기 어려울 수 있습니다. 그럴 때는 손으로 적어 보는 것이 효과적입니다.

숨어 있는 불편함을 '필요'로 만들어 낸 경우도 있습니다. 지금까지 불편함을 느끼지 못했던 부분인데 문제를 새롭게 정의하는 것입니다. 샤워기 헤드에 필터를 넣은 필터형 샤워기 헤드를 예로 들어 보겠습니다. 필터형 샤워기가 나오기 전까지 샤워기에서의 문제점은 수압과 녹물이었습니다. 약한 수압은 특수 살수판을 이용해서 수압을 높이는 샤워기 헤드로 교체함으로써 해결해 왔습니다. 하지만, 녹물은 2~3분 정도 물을 틀어 놓고 기다린 후 더는 녹물이 나오지 않을 때 사용하는 것이 유일한 해결책이었습니다. 필터형 샤워기가 나오면서 물에 있는 불순물을 걸러 내 깨끗한 물을 사용하게 함으로써 문제를 해결했습니다. 하지만 필터형 샤워기 헤드를 사용한다고 해도 육안으로 녹물이나 물의 오염 정도를 확인하기 어렵던 소비자들은 실제로 효과가 있는지 알 수 없었습니다. 그래서 필터가 보이도록 손잡이 부분을 투명하게 만들어서 효과가 있음을 보여 줬습니다.

현대사회의 아파트에 산다면 사실 샤워기에 대한 불편함을 크게 못 느꼈을 수 있습니다. 여기서 '우리 집이 새집일지라도 우리 집까지 오는 배관은 오래됐을 수 있다'는 점을 문제점으로 제시하였고, 필터를 통해서 걸러지는 모습을 시각화하여 실제로 깨끗하지 않을 수 있음을 보여 주었습니다. 이렇듯 사람들이 느끼지 못하는 문제를 찾아내고, 재정의하는 방법도 있습니다.

[일반 샤워 헤드와 필터형 샤워 헤드]

이처럼, 같은 제품이라도 사람들이 인식하지 못했던 문제를 제기함으로써, 제품을 리포지셔닝할 수 있습니다. 제가 기획 및 개발한 코르크 폼롤러라는 상품이 있습니다. 소재나 강도를 차별화 포인트로 두고 판매하고 있었는데, 저는 사이즈를 문제로 제시했습니다. 시장조사를 하다 보니 폼롤러, 덤벨 등의 운동기구는 해외에서 만들기 시작한 제품이고, 그 기준이 서양 남성들에 맞춰 제작되었습니다. 그래서 시중에 판매하고 폼롤러의 사이즈는 한국 여성에게 클 수밖에 없었습니다. 한국 여성에 적합한 제품을 개발하기 위해서 한국인 신체 조사 자료를 참고하여 제품을 제작했습니다.

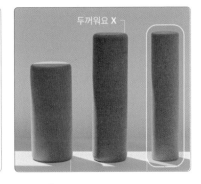

인체 항목명	작은 사각체형 (긴 지체)	삼각체형	큰 사각체형	작은 사각체형 (짧은 지체)
(214)넙다리둘레	526	543	579	531
(215)넙다리중간둘레	459	469	503	460
(216)무릎둘레	335	344	356	336
(217)무릎아래둘레	312	320	332	311
(218)장딴지둘레	335	339	363	333
(219)종아리최소둘레	203	206	215	203
(220)발목최대둘레	233	233	238	230
(221)어깨길이	132	125	126	124
(222)목뒤목옆젖꼭지둘레길이	174	169	174	167
(223)등 길이	381	386	389	381
(224)버클수준둘레길이	441	443	450	438
(225)목뒤오금길이	966	966	949	949
(226)총길이	1380	1378	1346	1345
(227)넙다리길이	274	273	260	264

[한국인 신체 조사 자료 및 다양한 폼롤러 사이즈]

90cm × 15cm – 일반 사이즈
60cm × 15cm, 45cm × 15cm, 45cm × 10cm – 다양한 사이즈로 테스트

또한, 한국 여성 타깃으로 제작한 만큼 '하체 붓기', '하체 혈액순환' 등 여성들의 고민도 해결할 수 있도록 기존 제품들보다 강도를 2배 높게 제작하여 높은 강도로 마사지를 할 수 있도록 했습니다.

똑같은 제품이라도 어떻게 접근하는지에 따라 얼마든지 새로운 제품을 만들어 낼 수 있습니다. 자신의 삶에서 많이 사용하고 있는 제품을 하나하나 살펴보면서 새로운 문제를 정의하는 습관을 가져 보세요.

2. 고객 충성도를 높이는 재구매

여러분은 어떤 상품이 좋은 상품인 것 같나요? 이는 저와 동료들이 자주 이야기를 나누는 주제입니다. '사람들이 많이 사는 제품', '품질이 좋은 제품', '재구매가 높은 제품' 등 다양한 의견이 나옵니다. 각각 의미하는 바가 다를 수 있는데요, 그중에서 '재구매가 높은 제품'에 대해 이야기를 나누어 보겠습니다.

재구매는 상품의 품질이 우수하고, 기능에 대한 만족도가 높고, 브랜드의 가치에 공감할 때 높아집니다. 일반적으로 재구매가 많이 발생하는 카테고리가 있는데요, 세탁 세제나 휴지와 같은 소비재나 맛의 취향을 반영한 식품은 재구매가 아주 중요한 수치가 됩니다. 하지만, 일회성으로 사용되는 소비재나 식품은 보통 초기 발주 수량이 높기 때문에 처음 소싱을 하는 분이라면 제작하기 어려울 수 있습니다. 일회성 소비재나 식품이 아니더라도 재구매율을 높이는 제품을 제작하는 방법에 대해 고민하고 생각해 봐야 합니다.

재구매는 '제품의 수명'에 따라 결정되며, 제품의 수명은 모두 제각각입니다. 예를 들어, 면도칼은 1주일, 신발은 1년, 핸드폰은 2년 정도 사용하면 제품의 수명은 끝납니다. 그렇다면 여러분이 제작하려는 제품을 고객이 재구매하게 하려면 어떻게 해야 할까요?

첫 번째로는 소비자가 만족할 만한 수준으로 품질이 좋은 제품을 만들어야 합니다. 품질이 좋다는 것은 오래 사용할 수 있다는 말이기도 합니다. 하지만 제품의 수명이 길어지면 재구매 주기가 길어져서 다시 구매하게 하기가 힘들다는 점을 지적할 수 있습니다. 이럴 때 사용할 수 있는 제품 기획 방법은 메인이 되는 제품과 재구매를 일으킬 수 있는 서브 제품을 같이 기획하는 것입니다. 예를 들어 면도기를 만든다고 했을 때, 면도기의 품질은 좋게 만든 다음, 소모성 제품인 면도칼은 재구매를 할 수 있게 만드는 것입니다.

이처럼 메인 상품에 재구매가 가능한 서브 상품을 구성함으로써, 소비자가 한 제품을 오래도록 잘 사용하고 있다고 생각하게 만들어 제품의 만족도를 높일 수 있으며, 제품을 판매하는 여러분은 기존 제품들과의 가격 경쟁을 피하면서 지속적인 구매를 일으킬 수 있습니다.

3. 이미 학습된 사용 경험을 이용한다

고객들은 이미 많은 제품을 사용하고 있으며, 다양한 사용 경험에 노출되어 있습니다. 예를 들어 겨울이 되면 모두가 패딩을 꺼내 입습니다. 과거에 많이 입던 일반 솜으로 만든 패딩은 무겁고, 솜이 뭉치면 보온성이 떨어지면서 패딩의 기능이 저하되는 불편함이 있었습니다. 이를 개선한 패딩 소재 중 가볍고 보온성이 뛰어난 '구스다운'을 경험한 소비자가 많아지고 있습니다. 최근에는 깃털과 솜털의 함량 기준까지 꼼꼼하게 체크하고 사는 똑똑한 소비자들도 많습니다. 이러한 소비자들의 '구스다운' 패딩 제품 경험을 이용하면, 구스다운 이불 및 담요와 같은 리빙 제품을 제안할 수 있습니다. 더 나아가 리빙 제품을 사용한 경험을 반려동물 시장으로 확장할 수도 있습니다.

또 다른 예시로는 사람들이 여름에 많이 사용하는 쿨매트 및 케어 제품을 다양한 반려동물 제품으로 변형할 수 있습니다. 반대로 피부가 민감하고 온도에 예민한 반려동물을 위해 제작된 목욕 용품을 민감성 피부를 가진 사람들을 위한 상품으로 제작하는 경우도 있습니다.

이처럼 한 가지 제품에서 경험한 소재, 기능, 컬러, 디자인을 다른 카테고리의 제품에 적용함으로써 경쟁력 있는 상품을 만들 수 있습니다. 평소에 내가 관심이 있는 카테고리만 보지 말고, 다른 카테고리의 제품들이 왜 인기가 많은지 생각해 보는 시간을 가져 보면, 상품 기획에서 막혀 있던 문제를 해결하는 실마리를 찾을 수 있습니다.

패션   리빙   반려동물

지금까지 많이 판매되는 제품의 조건들을 살펴보았는데요, 판매가 잘되는 제품은 상품 기획의 3가지 요소 중 최소 2가지는 충족하고 있습니다. 자신의 삶에서 아이디어를 얻어 시작한 기획 제품들은 고객에게 깊은 공감을 얻을 수 있으며, 더 높은 설득력을 가질 수 있습니다. 문제를 찾고 정의하는 것이 너무 어렵다면, 평소 즐겨 보는 SNS나 유튜브 콘텐츠, 광고 카피 등을 캡처하거나 사진을 찍어 보세요. 글보다는 이미지가 더욱 확실하고 명확합니다. 각각의 이미지에 끌리는 이유를 하나씩 적는 연습부터 시작해 보세요.

나의 삶에서 시작하는
상품 기획

일상생활의 행동이나 상태를 기록하면서 불편함과 익숙함을 구분하기

· 의류 건조기를 사용했더니, 옷이 너무 구겨지고 옷감이 상한다.

· 핸드폰, 애플워치, 맥북 등 충전해야 하는 제품이 많은데, 정리가 안 된다.

· 실내에서 겨울 외투를 보관하기에 부피가 너무 크다.

평소 즐겨 사용하는 제품들이 좋은 이유에 대해서 작성해 보기

· 매직 스펀지: 화장실 청소, 싱크대 청소, 후드 청소 등 청소하기 어려운 찌든 때를 쉽게 제거할 수 있다. 기존 청소 도구들은 한 번 쓰고 다시 써야 하기 때문에 청결하지 않다. 일회용이라 위생적으로 사용할 수 있어서 좋다.

· 필터형 정수기: 생수 페트병이 많이 나오지 않아서 좋다. 필터를 지속해서 구매하게 된다.

SNS, 유튜브, 광고 카피 등 다양한 콘텐츠에서 나의 시선을 끄는 것을 사진으로 남겨 두기

· 제품의 USP[1]를 시각적으로 잘 표현함

· 한국에 없는 특이한 제품

· 인플루언서 광고

· 문제를 해결한 상품

---

1   Unique Selling Proposition 또는 Unique Selling Point의 약자로, 다른 상품과는 다른 고유의 강점을 의미

상품 기획서로 구체화하기

지금까지는 상품 기획 전에 생각의 관점을 바꾸고, 흩어져 있던 아이디어를 모으는 방법에 대해 소개했습니다. 제품을 구체화할 때에는 직관적인 감각보다는 수치를 확인한 후 기준을 세워야 합니다. 해외 소싱 강의를 듣는 수강생들에게 가장 많이 들었던 질문은 "이 제품 어때요?"인데요. 상품 기획서를 작성해 보면서 스스로 답을 찾았다는 분들이 많습니다.

쇼핑몰에서 상품을 판매하는 것은 이 상품을 사야 할 이유에 대해 소비자를 설득하는 모든 과정의 집약체입니다. 소비자를 설득하기 전에 스스로 설득하는 과정을 거치면서 확신이 생길 때, 소비자를 설득하는 힘도 강해집니다. 스스로 설득하는 과정이 바로 상품 기획서를 작성하는 것입니다.

이 책에서 제공하는 상품 기획서는 다른 경쟁사는 어떻게 판매하고 있는지, 어떤 스펙으로 제품을 제작할지, 누구를 위해 문제를 해결하고 누구를 위해서 만들 것인지, 어떻게 판매를 할 것인지를 종합적으로 기록하고 정리하는 과정을 담았습니다. 또한, 시장조사, 상품성, 가격, 기간 등을 모두 기록하게 되어 있습니다. 상품 기획서는 요소 하나하나 확인함으로써 제품의 확신을 가져다 줄 뿐만 아니라, 리스크와 비용을 최소화할 수 있는 가이드가 되기도 합니다. 이 상품 기획서는 제가 수년간 제품을 소싱하면서 꼭 확인해야 하는 부분을 기반으로 제작하였습니다. 누구에게 결재받을 필요는 없지만, 모두가 사장이 되어 결재하는 연습을 해 보는 것도 좋습니다. 상품 기획서는 뒷 페이지에 첨부되어 있습니다. QR 코드를 스캔하면 구글 스프레드시트로 연결되며, 해당 파일을 복사해서 사용할 수 있습니다.

상품 진행 여부는 시장조사, 상품에 대한 감각, 가지고 있는 리소스 등 복합적인 요소로 결정되기 때문에 상품 기획서가 100% 기준이 될 수는 없지만, 스스로 설득이 되지 않는다면 다른 사람들에게도 판매하기 어렵다는 점을 기억해 주세요.

상품 기획서 양식

제품명			판매할 상품명을 기재하세요.			
상품 기획	시장조사	문제점	어떤 문제를 해결하고 싶은지 작성해 주세요.			
		고객 경험	이 상품은 고객들이 어떻게 인지하면 좋을까요? 전달하고 싶은 고객 경험을 자세하게 작성해 주세요.			
		기존 대체재의 한계	비슷한 상품군의 후기 등 다양한 방법으로 기존 상품에서 어떤 부분에 갈증을 느끼는지 작성해 주세요.			
		상품에 대한 조사	소비자가 상품을 고를 때, 이 카테고리를 고를 때 어떤 부분을 고려하여 선택하는지 자세하게 기재해 주세요. 이 기준들은 셀러가 상품을 제작할 때 기본 스펙으로 사용됩니다.			
		시장조사	네이버 쿼리, 인스티 팔로우, 해시태그 수 등 셀러가 수력으로 판매할 채널의 시장 반응도를 기재해 주세요.			
			위 내용을 바탕으로 내가 생각하는 해석을 간략하게 작성해 주세요. 나의 상품을 어떻게 판매하고 싶은지 가설을 세우는 단계로, 추후 마케팅 전략을 세우는 데 도움이 됩니다.			
	타사 제품 조사		A사	B사	C사	D사
		이미지	이미지			
		가격	가격			
		상품 특징 1	상품의 특징을 기재해 주세요.			
		상품 특징 2	상품의 특징을 기재해 주세요.			
		상품 특징 3	상품의 특징을 기재해 주세요.			
		특장점	이 경쟁사에서 내는 마케팅 포인트 / 특정 타깃 / 다른 업체와 다른 특장점을 기재해 주세요.			

SCAN ME

1. 문제점 및 상품의 기본 조건

'구스 담요'라는 제품으로 상품 기획서를 작성해 보겠습니다. 많은 사람들이 가족과 캠핑하러 다니고 여행 다니는 것을 좋아합니다. 캠핑하러 다닐 때 필수품 중 하나가 바로 담요 및 침구류입니다. 야외활동을 하다 보면 쉽게 오염되고 더러워지기 마련인데, 기존에 사용하는 침낭은 충전재와 커버가 일체형이라 세탁하기가 어렵습니다. 세탁하기 어려운 점을 문제점으로 정의하고, 이 문제점을 해결하기 위해 제작할 제품은 충전재와 커버를 분리하여 커버만 따로 세탁할 수 있도록 합니다.

메인 충전재는 패션 카테고리에서 익숙한 소재인 '구스다운' 소재를 이용하며, 커버는 계절과 상황에 맞게 다양한 소재로 제작합니다. 패션 카테고리와 리빙 카테고리에서 구스다운 소재를 사용한 경험이 있는 소비자들은 구스다운이 따뜻하고 가볍다는 장점을 인지하고 있습니다. 따라서 구스다운의 장점을 설명하는 데 드는 시간과 노력이 상대적으로 적습니다. 고객들이 다른 카테고리에서 '구스다운'이라는 제품을 구매할 때 어떤 부분을 중요하게 생각하는지도 알 수 있습니다. 가장 중요한 기준은 보온성을 높여 주는 솜털과 모양을 유지하기 위해서 추가하는 깃털의 비율입니다. 깃털의 끝은 뾰족하여 원단을 뚫고 나오는 특징이 있기 때문에, 이를 방지하기 위해 구스다운 충전재를 감싸고 있는 원단은 더욱 촘촘한 '다운프루프'라는 원단을 사용합니다. 이처럼 소재에 대한 고객 경험을 통해 구스다운 담요를 제작하는 중요한 기준을 세울 수 있습니다.

[다운프루프 가공]

제품정보 INFOMATION	
제품구성	구스이불솜 1장
색 상	화이트
사 이 즈 (CM)	구스이불솜Q (205X235±3CM)
소 재	면 100%
충 전 재	구스 100% (솜털80%+깃털20%) 700g

제품명	문제점	기존 고객 경험
구스다운 담요	· 일반 담요는 무거움 · 차박 및 캠핑용으로 휴대성이 좋은 담요가 필요함 · 세척이 어려움 · 사무실 및 공용 공간에서 간헐적으로 담요가 필요함 · 아이들을 업어서 재울 때 덮을 따뜻한 담요가 필요함 → 기존 담요는 너무 무거워 어깨에 무리가 감	· 패션 카테고리의 구스다운 패딩이 가볍고 따뜻하다는 소비자 인식 → 소재에 대한 인식을 담요에 적용 · 다운이 삐져나오는 것을 방지하기 위해 다운프루프 원단을 사용 · 원단 봉제는 파이핑과 이중 봉제로 더욱 상품성을 높임

2. 기존 대체재의 한계로 만드는 제품의 USP

위 조건들은 상품을 선택하는 데 필요한 기본적인 요소로, 없으면 안 되는 기준들을 세웠습니다. 시장조사를 해 보면, '구스 담요'라는 제품이 없는 것은 아닙니다. 현재 이 제품은 도입기에 있는 제품이며, 점점 성장기로 진입하고 있습니다. 이럴 때는 기존에 있는 상품들의 문제점을 개선하여, 나의 제품을 구매할 수밖에 없도록 만드는 주요 포인트를 만들어야 합니다.

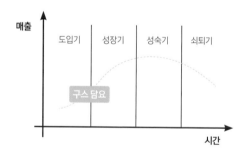

차별점은 다른 대체재와 비교했을 때, 내가 만든 상품이 선택받을 수밖에 없는 유일한 장점을 만드는 것입니다. 마케팅 용어로는 USP(Unique Selling Proposition, Unique Selling Point)라고 합니다. USP가 명확할수록 상품을 오래 판매할 수 있고, 다른 사람들과의 경쟁을 피할 수 있습니다. 해외 소싱을 하는 궁극적인 이유이기도 합니다.

USP를 찾기 위해서는 기존 판매자들은 같은 상품을 어떻게 판매하고 있는지, 고객들은 상품에 대해 어떻게 평가하고 있는지 확인합니다. 또한, 같은 용도로 사용되는 상품을 기준으로 몇 개의 상품이 있는지, 대체재로 사용할 수 있는 상품이 있는지까지 살펴봐야 합니다. 고객의 목소리는 상품의 후기, 블로그, SNS 채널의 댓글 등 다양한 곳에서 나옵니다. 후기를 볼 때 주의해야 할 점은 별점으로는 문제를 이야기하지 않는다는 점입니다. "사이즈가 너무 작아요", "충전재 함량이 너무 적어서 금방 꺼져요", "보관하는 파우치가 있었으면 좋겠어요" 등의 후기를 남기면서도 별점은 5점을 주기도 합니다.

우리는 고객이 하는 이야기를 기준으로 기존 제품들보다 '사이즈를 크게', '충전재 함량을 높여서', '보관하는 파우치를 추가'하여 기본 스펙으로 제작하며, 대체재로 사용하는 침낭 제품의 세탁이 불편한 점을 개선하기 위해서 '분리가 가능한' 요소를 더해서 제품을 만듭니다. 다른 제품과는 차별화된 제품을 개발함으로써, 제품을 살 수밖에 없도록 만듭니다. 기본적으로 이렇게 온라인의 다양한 고객 후기를 토대로 상품의 제작 조건을 세웁니다. 추가로, 주변에 캠핑을 많이 다니는 분(제품의 타깃이 되는 분)들과의 인터뷰를 통해서 진짜 불편했던 점이 무엇인지 조사를 하면서 제작 조건을 세울 수도 있습니다.

상품 제작 조건 정리

· 기존 대체재의 한계
 – 충전재가 너무 빈약하다.
 – 사이즈가 작다.

· 기존 상품 조사를 통한 USP
 – 다운의 함량이 적다 → 다운 함량을 높임(100g(타사) → 450g)
 – 담요 자체 사이즈가 작다 → 사이즈를 크게 만듦(60x130cm(타사) → 100x200cm)

· 기존 상품의 장점
 – 특정 위치에 버튼을 달아 고정될 수 있도록 제작
 – 휴대용 파우치 제공
 – 알레르기 케어 원단 사용

· 나의 제품 특장점
 – 소재와 커버가 분리될 수 있도록 제작 (세탁에 용이, 커버의 원단 소재에 따라 최소 3계절 사용 가능)

타사 제품 조사				
	A사	B사	C사	D사
가격	44,000원 (택배비 3,500원)	44,000원 (택배비 3,500원)	79,000원	39,000원
사이즈	60×130cm	70×140cm	75×130cm	70×140cm
충전재	솜털 90% / 깃털 10%	솜털 90% / 깃털 10%	솜털 90% / 깃털 10% (헝가리 구스 100%)	솜털 80% / 깃털 20%
무게	표기 없음	100g	표기 없음	120g

특장점	• 버튼식으로 고정 가능
	• 호텔 전문 하이 퀄리티 가공소
		• 알레르기 방지
		• 국내 생산
		• 단추형
		• 파우치 포함
			• 지퍼
			• 휴대용 파우치
			• 파이핑 마감
			• 소프트 패브릭
			  (피부 자극 없음)
			• 노 알레르기 →
			  마이크로화이바
			• 고급 패키지
				• 알레르기 케어
				• 구스 비윤리적 행위 채취 X

시장조사와 경쟁사 조사를 통해서 앞으로 만들 상품에 대한 스펙이 아래와 같이 정해집니다. 그렇게 정한 스펙을 가지고 제조사에 견적을 문의하여, 같은 스펙으로 가장 저렴하고 좋은 품질의 제품을 만들어 줄 제조사를 만나면 됩니다. 조건이 명확하게 정리되면 제조사와 소통할 때도 명확하고, 추후 상세 페이지 및 콘텐츠를 만들 때도 도움이 됩니다.

상품 제작 조건 구체화하기

- 깃털 vs 솜털 함량 중 솜털의 함량이 높을수록 좋음
- 다운이 삐져나오는 것을 방지하기 위해 다운프루프 원단을 사용
- 원단 봉제는 파이핑과 이중 봉제로 더욱 상품성을 높임
- 다운 함량을 높임
- 사이즈를 크게 만듦
- 가벼운 것을 선호
- 특정 위치의 버튼으로 고정될 수 있도록 제작
- 휴대용 파우치 제공
- 알레르기 케어

이 내용을 모두 합쳐서 제품의 컨셉 및 제작 조건을 아래와 같이 정리할 수 있습니다.

제품의 컨셉 & 제작 조건 정리			
핵심 컨셉	• 가지고 다니는 구스 담요 • 솜털처럼 가볍고 따뜻한 온기를 오랜 시간 유지해 주는 담요 • 충전재와 커버가 분리 가능함		
상품 개발 조건	제품명(국문)	무릎 구스 담요	제품명(영문)	Goose Blanket
	구성	구스 담요 + 극세사 커버(선택), 발열 원단 커버, 패딩 원단 커버	
	제품 특징	• 사이즈 : 100×200cm • 구스 함량 : 450g • 구스 비율 : 솜털 90% / 깃털 10% • 다운프루프 원단 커버 사용 : 마이크로화이바 원단 • 단추 형식 • 파우치 형태 • 추가 원단 커버 : 극세사 원단 커버 • 패키지 및 라벨 : 라벨-원산지 표기, 세탁 방법 및 관리 방법 표기	

3. 고객의 수요를 대변하는 키워드 조사

정량적인 시장조사 중 키워드 조사를 하면 여러 가지 정보를 얻을 수 있으며, 키워드를 반영하여 제품의 컨셉을 잡을 수도 있습니다. 키워드는 고객의 수요를 대변하는 수치입니다. 그중 검색 포털로 서비스를 시작한 네이버에서는 키워드를 분석할 수 있는 툴과 서비스를 제공하고 있습니다. 구글에서도 키워드 분석 서비스를 제공하지만, 구글은 쇼핑을 위한 목적보다는 양질의 정보를 찾는 것에 적합한 포털 사이트이기 때문에 트렌드 조사의 형태로만 참고하는 것이 좋습니다.

네이버 광고 서비스에서 핵심 키워드 중심으로 내용을 정리해 보면, 구스 담요에 대한 직접적인 키워드는 적습니다. 키워드 검색량이 적다는 것은 수요가 적거나 상품군 자체에 대한 인식이 낮다고 분석할 수 있습니다. 여기서 침낭, 담요와 같은 대체재의 키워드도 함께 검색하여 수요를 파악할 수 있습니다. 침낭을 사려는 사람 혹은 담요가 필요한 사람이 구스 담요를 사게 할 수 있도록 마케팅 전략을 세울 필요가 있습니다.

네이버 키워드 검색량을 보면, 아래와 같습니다. '구스 담요'를 PC에서 월간 검색하는 수가 140, 모바일에서 검색하는 수는 910으로 총 1,050명입니다. 이 사람들 모두가 나의 제품을 클릭하여 구매할 확률은 매우 낮습니다. 그럼 제품을 진행하면 안 되는 것일까요? 아닙니다. 캠핑 용품, 침낭, 담요, 무릎 담요, 극세사 담요 등 다양한 키워드로 검색하는 모든 사람이 고객이 될 수 있습니다. 또한 키워드 검색량을 보면 '캠핑 용품'이 압도적으로 많은데, '구스 담요'를 '침낭'을 대체할 수 있는 제품으로 홍보한다면 구매가 더많이 발생할 수 있습니다.

연관 키워드	월간 검색 수(PC)	월간 검색 수(모바일)
구스 담요	140	910
캠핑 용품	38,500	207,200
침낭	17,100	105,100
담요	16,900	94,100
무릎 담요	11,800	51,600
극세사 담요	6,460	37,900
동계 침낭	6,650	34,100
백패킹	5,620	22,000
오리털 침낭	2,690	17,200
후드 담요	2,120	15,900
백패킹 텐트	2,940	13,900
입는 담요	2,320	12,700
겨울 침낭	2,000	10,500

월별 키워드에서는 또 다른 지표인 시즌성을 파악할 수 있습니다. 시즌성을 나타내는 제품들은 상품의 준비 기간 및 생산 기간을 역산하는 기준이 되기도 합니다. 선풍기, 물놀이 제품, 방한 제품, 전기장판, 침구 등 계절에 따라서 판매량이 극명하게 차이가 나는 제품도 있고, 새 학기 시즌, 크리스마스, 어린이날, 할로윈데이 등 특정 이벤트에 따라

판매가 높아지는 제품도 있습니다.

　이런 제품들은 시즌성을 띠기 때문에 일정을 맞추는 것이 중요합니다. 상품의 기획 및 제작 기간이 3개월이고 6월부터 키워드 검색량이 상승한다면 언제부터 상품을 준비하는 것이 좋을까요? 5월부터 판매를 해서 후기를 쌓아 둬야 핵심 시즌이 왔을 때 판매량을 높일 수 있기 때문에, 생산 기간에 예상치 못했던 이슈를 해결하는 시간까지 고려한다면 1월부터 상품을 준비해야 합니다. 다시 말해, 여름 시즌에 판매가 잘되는 상품은 겨울에 준비해야 한다는 이야기입니다. 시기를 놓치면 1년 동안 판매도 못 해 보고 창고에 보관해야 하는 상황이 발생합니다. 생산 기간과 문제 해결 능력에 익숙하지 않은 분들은 시즌성 제품을 다루기가 쉽지 않습니다.

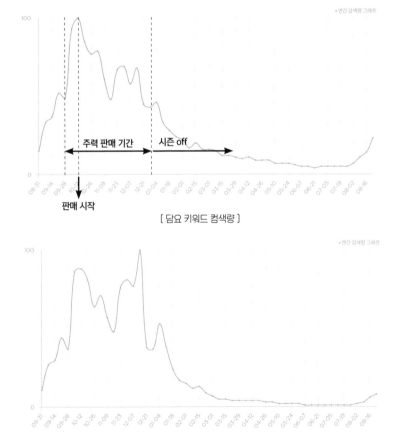

[담요 키워드 검색량]

[구스다운 키워드 검색량]

담요, 구스다운과 같은 키워드를 분석해 보면 9월부터 검색량이 상승해서 2월부터는 키워드 검색량이 거의 없어지는 것을 볼 수 있습니다. 늦어도 8월 말까지는 판매 준비가 완료되어 있어야 하며, 9월부터는 판매 시작과 후기를 잘 쌓아 10월, 11월, 12월에 주력해서 판매를 진행해야 합니다. 12월이 지난 이후부터는 프로모션으로 판매를 촉진하여 최대한 재고를 다 정리하고, 2월부터는 최소한의 재고를 가지고 그 다음 해의 판매 시기를 노리는 것이 효율적입니다.

지금까지는 상품 기획의 기초가 되도록 시장조사 및 문제점 도출을 통한 상품 제작 조건의 기준을 세워봤습니다. 상품 기획서를 작성하는 것은 자신을 설득하는 과정이며, 이는 제조사와 이야기할 때의 기준점이 됩니다. 이 과정에서 전체 프로세스에 대한 일정과 방향성이 결정됩니다.

실무에서 진행하는 시장조사는 유저 인터뷰, 기존 상품들의 주력 상품 분석, 거시적인 트렌드 분석, 브랜드 플랫폼에 대한 데이터 분석 등 다양한 방법으로 이루어집니다. 상품 출시는 재무적인 상황, 리소스의 양과 질에 따라 결정되기도 합니다. 상품 기획서만 가지고 최종적으로 진행이 결정되는 것도 아니며, 견적을 문의하고 샘플링하는 과정에서 중단되기도 합니다.

어떤 상품을 만들고 팔 것인지를 명확히 할수록 시간과 비용을 줄이고 리스크를 최소화할 수 있으니, 상품 기획서를 꼼꼼히 작성해 보세요.

상품 기획서 연습하기

제품명						
상품 기획	시장조사	문제점				
		고객 경험				
		기존 대체재의 한계				
		상품에 대한 조사				
		시장조사				
	타사 제품 조사		A사	B사	C사	D사
		이미지				
		가격				
		상품 특징 1				
		상품 특징 2				
		상품 특징 3				
		특장점				

5장

2단계:
알리바바에서 견적 받기

수량과 무역 조건을 정한 상태에서 다른 제조사와 가격 비교를 하면,
제품 가격이 비싼지 저렴한지 정확하게 파악할 수 있습니다.
알리바바에서 상품 검색 후, 제조사 홈페이지에서 제품의 카테고리,
알리바바의 제조사 수치 등을 살펴보면서 이 제조사와 함께 일을 해 보겠다는 생각이 들었다면,
이제 업체와 소통하면서 제품 제작 조건을 협의하여 최종 견적을 받을 수 있습니다.

가격 결정 조건 이해하기

제조사에 상품 제작을 의뢰할 때, 가장 먼저 하게 되는 이야기는 가격입니다. 같은 제품 개발 조건에서 가격을 결정짓는 가장 큰 요인은 수량과 무역 조건입니다.

1. 최소 발주 수량, MOQ(Minimum Order Quantity)

가격에 가장 많은 영향을 미치는 요소 중 최소 발주 수량(MOQ)에 대해서 먼저 설명히겠습니다. 최소 발주 수량은 생산성과 밀접한 연관이 있습니다. 제조사에서 제품을 생산하기 위해서는 제작에 필요한 설비와 기계 세팅부터 시작합니다. 세팅 이후 퀄리티가

향상되기까지 여러 번의 테스트도 거치게 됩니다. 그 시간 동안에는 생산을 하지 못하기 때문에 그 시간 만큼 업체에서는 부담이 되는 것입니다. 제조사 입장에서는 한 번 생산할 때 많은 수량을 생산해야 개당 생산 비용이 줄어듭니다. 그래서 적정 수량 이상일 때 생산성이 좋아지고, 불량으로 인한 손해도 줄어들 수 있습니다. 옷을 만든다고 가정해 보겠습니다.

1) 원단을 재단 테이블에 여러 겹 펼친다.
2) 패턴대로 재단한다.
3) 제품에 프린트 및 자수가 있으면, 아트워크가 있는 원단만 자수/프린트 외주 공장에 보낸다.
4) 스티치 종류 및 실의 컬러 등 제품의 조건에 맞춰서 생산 라인을 세팅한다(생산성을 위해서 몸통, 옷깃, 어깨, 단추 등 파트별로 담당 라인이 형성되어 있음).
5) 택과 같은 부자재를 부착한 후, 제품별 검증 기준을 가지고 품질을 확인한다.
6) 바이어의 요구에 따라 패킹한다.

옷을 하나 만드는 데 복잡도가 높을수록, 생산 라인을 세팅하고 작업자들을 교육하는 데 많은 시간이 소요됩니다. 또한, 생산성이 오르기까지에도 시간이 소요됩니다. 너무 적은 수량으로 제품 제작 요청을 하면 생산성이 떨어지기 때문에, 가격이 올라갈 수밖에 없습니다.

제조 공장에서는 제조 시설 및 규모, 생산 방법, 소재에 따라 제품의 최소 주문 수량이 정해집니다. 수량이 많아질수록 업무 숙련도가 올라가서 생산성이 점점 오르는 것이 일반적입니다. 발주 수량이 올라갈수록 투자금과 재고에 대한 부담이 생길 수 있기 때문에 처음 진행하는 분들은 제조사에서 허용하는 최소 발주 수량에 맞춰 진행해 보도록 합니다. 제조사에서 제안하는 최소 발주 수량도 부담이 된다면, 다음에 발주를 많이 할 테니 첫 번째 오더만 최소 발주 수량을 줄일 수 있는지 제안해 보세요.

2. 무역 조건, 인코텀즈(Incoterms)

가격에 영향을 미칠 수 있는 두 번째 요인은 인코텀즈(Incoterms)라고 하는 무역 조건입니다. 인코텀즈는 상품을 운송하는 과정에서 발생할 수 있는 위험에 대한 책임과 운송 비용, 업무의 부담 주최에 따라 총 11가지로 나누어져 있습니다. 11가지 조건 중 해외 소싱에서 가장 많이 사용하는 DAP, EXW, FOB 조건에 대해서 설명하겠습니다.

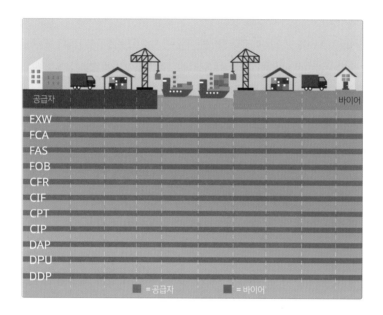

• DAP(Delivered At Place): 도착 장소 인도

수출자인 공급자가 해당 목적지까지 운송하는 데 발생하는 모든 비용 및 위험을 부담하지만, 수입 통관 의무는 없습니다. 쉽게 말해서 바이어의 창고까지 운송하는 데 발생하는 비용과 위험을 모두 공급자가 책임지는 것을 말합니다. 보통 공급자는 모든 위험에 대한 책임을 원하지 않기 때문에, 해외 소싱에서는 이 조건으로 거래하는 경우가 굉장히 드뭅니다. 바이어 또한 이 조건으로 진행할 경우 스케줄 컨트롤이 어렵기 때문에, 이 조건을 사용하는 것을 권장하지 않습니다.

• **EXW(Ex-Work): 공장 인도**

화물이 해당 목적지까지 운송되는 데 발생하는 모든 비용 및 위험을 수입자인 바이어
가 부담하는 것을 의미합니다. 쉽게 말해서 제조 공장에서 화물을 픽업하는 것부터 창고
에 입고하는 것까지 모두 바이어가 책임지고 물류 업무, 수출입 업무, 비용 및 위험에 대
한 책임을 지는 것을 의미합니다.

보통 구매 대행이나 중국 내수 플랫폼(1688, 타오바오 등)에서 물건을 구매할 때 이
조건을 사용합니다. 해외 무역에 초점을 맞춰서 진행하는 플랫폼이 아니기 때문에, 수출
입 서류에 대해서도 소통하기 어려울 수 있습니다.

• FOB(Free On Board): 본선 인도

수입자인 바이어가 본선(보통 컨테이너 선박)에 실은 이후부터 모든 비용과 위험 부담을 가지는 것을 의미하며, 해상 운임부터 바이어가 지불하게 됩니다. 다시 말해, 공급자는 해당 국가에서 발생하는 운송 비용과 본선에 싣는 순간까지 위험에 대한 책임을 지는 것입니다. 각각의 국가에서 발생하는 비용과 위험에 대한 책임을 공급자와 바이어가 각각 가지는 것으로 해외 소싱에서 가장 많이 사용하는 인코텀즈 조건입니다.

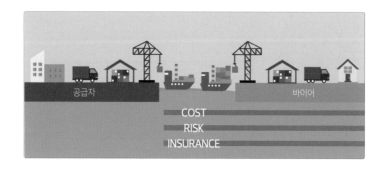

EXW 조건은 제조 국가에서 발생하는 물류 비용도 모두 바이어가 부담하기 때문에, 상품 가격 자체는 FOB 조건보다 저렴해 보일 수 있습니다. 견적을 문의할 때에는 모든 제조사와 무역 조건을 FOB 조건으로 통일한 다음 가격을 비교해 보는 것이 좋습니다.

중국의 제조 공장에서 한국의 물류 창고까지 이동하는 경로를 보면서 지금까지의 내용을 정리해 보겠습니다. 중국의 제조 공장은 항구 주변에 많이 분포해 있습니다. FOB 조건으로 진행 시 공급자는 제조 공장에서 가장 가까운 항구를 이용하고 싶어 합니다. 보통은 상하이항과 닝보항을 많이 사용합니다. 선박에 실린 화물은 중국 항구에서 출항하여 한국 항구로 이동합니다. 도착 항구에서는 보세 창고에 화물을 옮긴 후 수입 통관을 진행합니다. 통관까지 마무리되면, 바이어의 물류 창고까지 픽업 트럭으로 이동합니다.

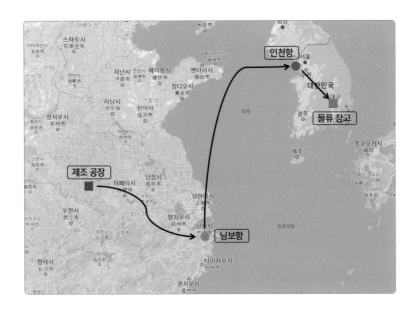

제품 이동 과정 (*LCL을 이용했을 때를 가정)

[중국]

1. 제조 공장에서 픽업 트럭을 섭외하여 화물(상품)을 싣습니다.
2. 상품을 실은 픽업 트럭이 항구로 이동하고, 항구의 지정된 창고에 하역합니다.
3. 다른 화물과 함께, 지정된 컨테이너에 물건을 싣습니다.
4. 컨테이너를 본선(컨테이너 화물선)에 싣습니다.

[한국]

1. 컨테이너를 본선에서 하역합니다.
2. 컨테이너에서 화물(상품)을 하역하여 지정된 창고에 보관합니다.
3. 통관 및 상품 검역 작업을 합니다.
4. 통관이 완료되면, 픽업 트럭을 섭외하여 화물(상품)을 싣습니다.
5. 지정 물류 창고까지 이동/입고합니다.

중국 제조 공장에서 한국의 물류 창고까지의 운송 과정에서 상하차를 여러 번 하게 되는데, 그 과정마다 상품의 파손, 분실 등 다양한 위험과 비용이 발생합니다. 이에 대한 책임을 미리 무역 조건으로 정해 두는 것이 인코텀즈입니다. 인코텀즈는 바이어의 상황에 맞게 설정하면 됩니다. 처음 진행하는 것이라 정하기가 어렵다면, 포워더를 섭외하여 FOB 조건으로 진행하는 것이 좋습니다.

지금까지 같은 제작 조건 하에서 견적에 가장 영향을 많이 미치는 조건인 최소 발주 수량(MOQ)과 무역 조건인 인코텀즈에 대해서 알아보았습니다. 견적이 너무 높게 나왔다면, 최소 발주 수량에 따른 가격도 같이 견적을 받아서 발주 수량을 조정할 수 있습니다. 제조사마다 가격 차이가 크다면 어떤 무역 조건으로 견적을 냈는지 확인해 봅니다. 모든 조건이 동일하다면, 가격이 저렴하고 소통이 잘 되는 공급자와 진행하는 것을 추천합니다.

알리바바에서 견적 요청하기

알리바바 키워드 검색부터 최종 견적을 받기까지 흐름을 알아봅니다.

1. 키워드/이미지로 검색하기

원하는 상품을 키워드나 이미지로 검색합니다. 이미지로는 찾기가 어려울 수 있으니, 다양한 키워드로 검색해 보는 것을 추천합니다. 상품 검색에 관한 자세한 내용은 72페이지를 참고해 주세요.

2. Trade Assurance(거래 확약/무역 보증 서비스), Verified Supplier(검증된 공급 업체) 필터링

알리바바 무역 보증을 받기 위해서는 'Trade Assurance'을 체크하여 필터링하고, 품질이 좋고 소통이 원활한 제조 업체를 찾고 싶다면 'Verified Supplier'를 체크해서 제조사를 찾습니다. 공급자 지표에 관한 자세한 내용은 65페이지를 참고해 주세요.

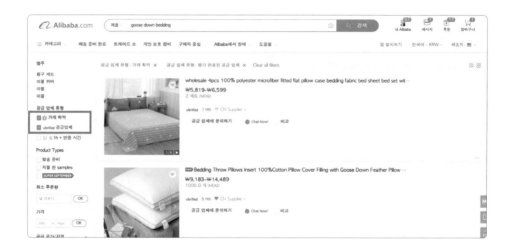

3. 상품 소개 페이지 확인하기

상품 소개 페이지를 하나하나 보면서 제조사의 제조 역량 및 인증서 등을 확인합니다. 제조사가 취급할 수 있는 소재, 제조 역량, 범위 등을 확인하고, 제조사 홈페이지도 방문해서 어떤 제품을 주로 다루는지 보면서 제조 및 제품의 전문성도 파악합니다.

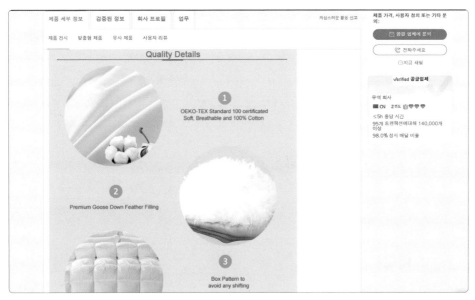

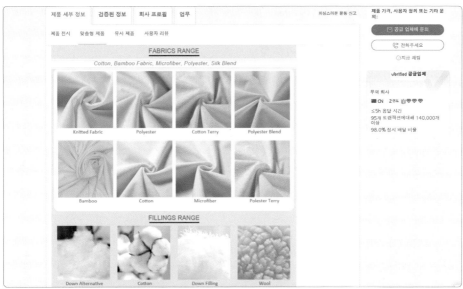

4. 공급자와 연락하기(Contact Supplier)

상품 소개 페이지에 개당 상품 금액과 최소 발주 수량(MOQ)이 표시되어 있지만, 실제 구매할 수 있는 금액은 다를 수 있으니 제조사와 꼭 이야기를 나눠 보도록 합니다. 또한, 원하는 스펙에 따라 제품의 가격이 달라질 수도 있습니다. 알리바바에서 검색하면서 가격만 보고 너무 비싸다고 낙담하지 말고, 꼭 연락해서 제품에 대해 소통해 보는 것을 추천합니다.

5. 상품 개발 조건 기준으로 메시지 보내기

상품 기획 단계에서 작성했던 상품 개발 조건을 토대로, 템플릿에 맞춰 견적 요청 메시지를 작성합니다. 견적 요청 시에는 간단한 인사말, 그리고 최소 발주 수량(MOQ)과 FOB 무역 조건을 기준으로 한 가격, 제품의 개발 조건을 간략하게 작성해서 보냅니다.

상품 개발 조건			
제품명(국문)	무릎 구스 담요	제품명(영문)	Goose Blanket
구성	구스 담요 + 극세사 커버(선택), 발열 원단 커버, 패딩 원단 커버		
제품 특징	• 사이즈 : 100×200cm • 구스 함량 : 450g • 구스 비율 : 솜털 90% / 깃털 10% • 다운프루프 원단 커버 사용 : 마이크로화이바 원단 • 단추 형식 • 파우치 형태 • 추가 원단 커버 : 극세사 원단 커버(그레이) • 패키지 및 라벨 : 라벨-원산지 표기, 세탁 방법 및 관리 방법 표기		

Hello?

I'm interested in your product.

Could you let me know the FOB price and MOQ for making it customized?

- Size: 100×200cm

- Filing weight: 450g

- Goose rate: Goose down 90%, Goose feather 10%

- Fabric: 100% Microfiber

- Customized package

I would like to use materials which get the certification, Oeko-Tex Standard 100.

I hope to work with you.

Best regards.

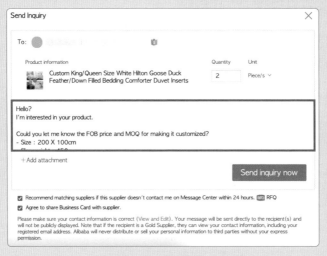

[알리바바 내 견적 요청하는 메시지 창]

이렇게 견적 요청을 보내면, 상세한 제작 조건을 이야기하기 위해서 대화창이 열립니다. 이때, 패키지 방법이나 상품의 스티치 방법 등 업체의 제작 방법에 따라 가격이 달라질 수 있는 조건에 관해 이야기하면서 최종 견적을 받습니다.

제품의 제작 기준이 명확하지 않으면 대화가 원활하지 않을 수 있으니, 제작 문의는 두려워하지 말고 최대한 많이 해 보세요. 원활한 소통을 위해서 어떤 제품을 만들고 싶은지에 대해서는 명확하게 준비해 두는 것이 좋습니다.

알리바바 페이지의 오른쪽 상단에 '메시지'에 들어가면, 문의했던 제조사와의 대화를 다시 확인할 수 있습니다.

6. 가격 비교하기

이렇게 하나의 제조사에 제작 문의를 하여 견적을 받았다면, 최소 10개의 이상 업체와 같은 제작 조건으로 소통해 보세요. 제작 조건과 최소 발주 수량(MOQ), 가격을 정리해 나가면서 최종 샘플링을 요청할 제조사를 선정합니다.

제조사별 견적	ABC company	DEF company	HELLO company	BYE company
최소 발주 수량(MOQ)	100	200	100	100
가격	$28	$25	$23	$40
사이즈	100×200cm	100×200cm	100×200cm	100×200cm
충전재	솜털 90% 깃털 10%	솜털 90% 깃털 10%	솜털 90% 깃털 10%	솜털 90% 깃털 10%
무게	300g	280g	400g	410g
샘플	샘플 결제 완료 8/20 수취 예정		샘플 결제 완료 8/20 수취 예정	
원가율	41%	37%	34%	59%

　원가율은 제품의 희망 판매가에 따라 달라질 수 있습니다. 한국에서 판매하고 싶은 가격을 설정하고 그때마다 원가율을 계산해 보면서, 적절한 원가인지 확인하는 것이 중요합니다. 1차 가격을 받았는데 원가율이 50%가 넘어간다면, 진행 여부를 다시 꼼꼼히 따져 보는 과정이 필요합니다. 예산 측정(적정 원가율 및 단가 계산 등)에 관한 자세한 내용은 12장을 참고해 주세요.

　견적을 받으면서 최종적으로 원하는 제품 제작에 대한 최소 발주 수량과 가격을 알 수 있으며, 이 가격으로 대략적인 투자금을 계산할 수 있습니다. 예산을 넘어간다면, 발주 수량을 조정하거나 개발 옵션을 줄여 견적을 맞춰야 합니다.

7. 생산 일정에 따른 리드 타임 계산

투자금과 원가율이 여러분의 기준에서 진행 가능하다고 판단이 된다면, 그다음으로 중요한 것은 리드 타임입니다. 리드 타임은 생산부터 입고까지의 기간을 부르는 말로, 상품이 제작되는 기간을 통틀어서 말합니다. 리드 타임은 생산 기간의 연장, 물류 지연 등 다양한 이유로 늘어날 수 있습니다. 기획부터 입고까지 총 3개월 정도의 기간을 정하고 상품을 진행하는 것이 일반적입니다.

상품의 생산 기간은 상품 대금을 지급하는 동시에 카운팅이 시작됩니다. 업체에서 30~40일 정도의 생산 기간이 소요된다고 이야기했어도, 근무 기간 및 공휴일에 따라 예상한 일정보다 늦어질 수 있습니다. 생산 기간을 확인한 후에는 생산 완료 기간까지 정확하게 이야기를 나누는 것이 중요합니다. 생산 완료일이 2월 28일이라고 서로 확인했다면, 알리바바 시스템에 제조사와 협의한 납기 날짜를 입력하도록 요청해야 합니다.

예상 출시일	
발주일(대금 지급)	2022-01-15
생산 완료일	2022-02-28
예상 입고일	2022-03-13
예상 출시일	2022-03-23

생산(40일)

해외물류(10일)+통관 및 국내 물류(3일)

이후, 선적 스케줄에 따라 선적이 되고 한국에서 통관되고 난 후 창고 입고까지는 빠르면 8일 정도 소요되고, 선박이 결항되거나 코로나, 스모그 등 천재지변과 같은 여러 가지 외부 요소에 의해 그 기간은 연장될 수 있습니다.

다양한 입고 지연 이슈

해외 소싱을 하다 보면 예상치 못했던 이슈들을 생각보다 많이 만나게 됩니다. 이를 미리 알고 리드 타임에 반영한다면, 더욱 빠르게 대응할 수 있습니다.

1. 생산 지연

· 제조 설비 고장 및 제조 인력 이슈로 생산 지연

· 원자재, 부자재 수급 문제로 인한 생산 지연

· 중국 내 휴일로 인한 생산 지연 – 특히, CNY(Chinese New Year)라고 불리는 설날에는 최소 2~4주 정도 생산 중단

생산하면서 발생할 수 있는 문제들입니다. 생산 지연은 사실 예측할 수 있는 방법이 없습니다. 발주할 때쯤 원부자재 수급이 원활한지, 문제가 있는지 등을 미리 물어보면서 확인해야 합니다. 중국의 휴일은 한국 설날 전후, 10일씩 최대 20일 정도 휴일을 갖는 것이 일반적입니다. 하지만 최근에는 코로나 이슈로 휴가 기간이 줄어들었습니다. 설날 기간에는 생산이 중단되므로, 그 기간을 미리 고려해서 발주와 재발주를 하는 것이 좋습니다.

2. 물류 지연

· 안개, 태풍, 폭설 등 기상 악화로 인한 출항 지연

· 휴일, 코로나 이슈 등 특정 기간의 물류 급증으로 인한 출항 지연

생산 완료 후 중국 공장에서 상품을 픽업하는 순간부터 한국에 입고될 때까지 발생할 수 있는 지연 이슈입니다. 해외 소싱을 하면서 가장 많이 발생하는 경우입니다. 최근에도 코로나 확진자 급증으로 인해 스케줄이 취소되거나 지연되는 경우가 많습니다. 발생할 수 있는 지연 이슈에 대해서는 생산 완료 후의 스케줄에 10일 정도를 더해서 일정을 계산하는 것이 안전합니다.

3. 통관 지연

· 통관 서류 미비 – 서류 데이터 불명확

· 제품에 올바른 원산지 미표기

· 제품 인증 관련 – 표시 미비, 인증 Fail

· 식약처 관할 시험 + 서류 및 준비 미비(제조사 등록 등)

한국에 도착해서 가장 먼저 하는 것이 서류를 제출하여 통관을 진행하는 것입니다. 통관에 필요한 서류를 완벽하게 챙기고 제품을 확인할 때 필요한 것들을 미리 준비한다면, 통관에서 지연될 확률은 줄어듭니다.

8. 최종 견적 확인하는 방법

최종 견적을 확인하기 위해 PI라는 견적서를 받습니다. PI는 Proforma Invoice의 줄임말로, 견적 형태의 인보이스를 뜻합니다. 실제 거래할 때 쓰이지 않는다고 하지만, PI로 결제까지 진행이 가능합니다. 참고로, 통관할 때에는 상업 송장인 CI(Commercial Invoice)가 있어야 합니다.

PI에는 제조사 정보, 바이어 정보, 그리고 가장 중요한 정보인 상품의 가격과 수량이 표기되어 있어야 합니다. 어떤 조건으로 상품을 만들기로 했는지에 대한 상세한 내용이 기록되며, 누락된 게 있다면 제조사에 이야기해서 꼭 내용을 다시 넣도록 합니다. 분쟁이 생길 수 있는 특약 조건 역시 아래에 기재하여 확실하게 조건을 이야기합니다. PI를 받는 것이 최종 견적을 받았다고 생각할 수 있습니다.

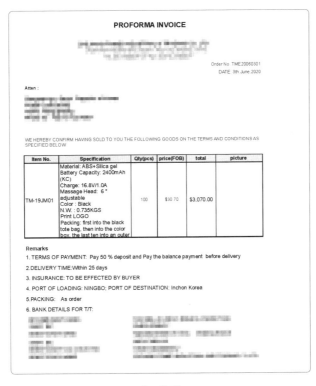

[PI 샘플]

6장

3단계:
샘플링을 통해 리스크 최소화하기

견적 문의를 하고 나서, 주문하기 전에 제품 견본을 미리 확인하는 과정을 '샘플링을 한다'고 이야기합니다.
샘플링에서 확인해야 하는 부분과 샘플링이 왜 필요한지에 대해서 알아보도록 하겠습니다.
수많은 샘플링을 하면서 조금이라도 비용을 아낄 수 있는 노하우도 소개합니다.

샘플 진행 순서

샘플의 주문은 아래와 같은 순서로 진행됩니다.

1) 알리바바 사이트에서 제품 검색 후, 제조사에 연락하여 견적 문의를 한다.

2) 견적이 투자 가능 범위에 들어온다면, 제조사에 샘플을 요청한다.

3) 상품 비용 및 운송비를 알리바바 내에서 신용카드로 결제한다.

4) 샘플의 사이즈, 컬러 등의 조건을 확인하기 위해서, 사진을 찍어서 보여 달라고 요청한다.

5) 마지막으로 제품의 발송 및 도착을 확인하기 위해서, 운송장 번호를 요청한다.

6) 샘플 수취 후 품질 및 제품 포장 상태 등을 확인하고, 제조사와 불량 보상을 협의한다.

1. 샘플링을 해야 하는 이유

알리바바 사이트에서 사진으로 본 제품과 실물로 받아 본 제품의 품질, 컬러, 마감 상태, 사이즈, 스케일 등이 다를 수 있기 때문에 샘플링은 꼭 진행해야 합니다. 촬영된 사진은 조명의 영향을 받거나 이미지 보정을 하기도 하고, 간혹 실제 제품을 촬영하지 않고 3D 모델링 이미지를 상세 페이지에 올려 두는 경우도 있습니다. 급하더라도 꼭 상품을 실물로 확인한 후 발주해야 합니다.

샘플링도 단계별로 진행할 수 있습니다. 샘플을 제작하는 데 큰 비용이 드는 제품이라면, 샘플링을 할 제조사를 소거하면서 선정하는 것이 좋습니다. 제작에 관해 제조사와 직접 소통하면서 가장 협조적인 제조사 두세 군데를 선택한 후, 재고가 있는 제품을 받아 봅니다. 샘플을 요청하기 전에 '나의 제품을 만드는 데 큰 비용이 드니, 지금 너희 제품의 품질로 제조 역량을 보고 싶다'고 이야기하여야 목적에 맞는 샘플이 배송됩니다. 제조사를 선정하였다면 원하는 조건에 맞는 샘플을 제작합니다. 생각했던 품질이 아니거나 제작 조건을 변경해야 한다면, 2차, 3차 샘플링을 선택적으로 사용할 수 있습니다.

샘플링은 발주 전에 원하는 조건으로 제품이 제작되었는지 확인하는 과정입니다. 가로 사이즈를 50cm로 제작 요청했는데 45cm로 잘못 제작되었다거나, 450g으로 제작 요청했으나 300g으로 제작되는 등의 내용을 확인하는 것입니다. 샘플은 제품 품질의 기준점이 되며, 발생할 수 있는 불량 및 이슈에 대해서 사전에 제조사와 협의하여 제품의 품질을 올림으로써 완성도를 높일 수 있습니다.

2. 제품에 따라 확인해야 하는 상품의 품질

샘플을 보면서 가장 먼저 확인해야 하는 것은 상품의 품질입니다. 발생 가능한 불량에 대해서 미리 제조사에 주의를 주고, 큰 불량으로 이어질 수 있는 부분은 미리 협의하여 계약 조건에 추가하는 것이 좋습니다. 상품에 불량이 발생할 경우에는 상품으로 보상한다거나, 금액으로 보상한다는 문구를 계약서에 표기하는 것을 추천합니다.

소재마다 제작 방법이 다르기 때문에, 상품의 종류와 소재에 따라 발생할 수 있는 불량의 종류도 다릅니다. 소재마다 제품이 제작되는 방식과 발생할 수 있는 불량에 대해 알아보겠습니다.

• 패브릭 소재

의류, 침구, 소품 등 다양한 제품들이 패브릭 소재로 만들어집니다. 패턴대로 원단을 재단하고 봉제하면서 발생할 수 있는 불량들이 있습니다.

첫 번째는 메인 소재가 되는 원단의 불량입니다. 원단을 제작할 때 오염이 발생하거나 봉제를 하다가 작업자의 실수로 원단에 구멍이 생기는 경우도 있습니다. 이 경우 원단에 문제가 없었는지 업체에 확인해야 합니다.

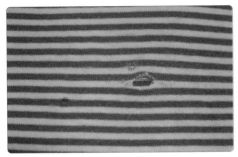 

두 번째는 봉제 과정에서 발생하는 불량입니다. 사람이 손으로 하는 작업이다 보니, 빈번하게 발생할 수 있는 불량입니다. 삐뚤빼뚤하게 봉제되거나, 실밥이 터져 있거나, 끝단이 맞지 않을 수 있습니다. 이는 작업자의 실수 또는 봉제 기계의 잘못된 세팅 값에 의해 발생합니다. 모든 제작 상태에 문제가 없는지 제조사와의 확인이 필요합니다.

 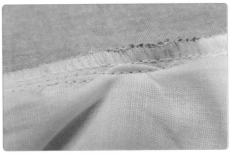

세 번째는 봉제를 완료한 이후 정리하는 과정에서 생기는 불량입니다. 봉제가 끝나면 실밥을 전체적으로 정리하거나 자수가 있으면 뒤쪽 심지를 제거하는 등 마무리 작업을 하는데, 그 과정에서 꼼꼼하게 정리되지 않으면 고객들은 상품성이 떨어진다고 느낍니다. 아무리 좋은 원단을 쓰고 패키지를 잘해도, 바로 여기서 실망하는 포인트가 발생할 수 있습니다. 이 부분은 샘플에서 발견되지 않은 불량이라 하더라도 꼭 주의해 달라고 요청하고, 인보이스의 상품 제작 조건에 기입하는 것도 좋습니다.

• **플라스틱, 실리콘, 금속 제품**

　플라스틱이나 실리콘, 금속 제품은 주조 방식으로 제작됩니다. 쉽게 말해서, 제품의
원재료를 고온에서 녹인 후 금형이라는 틀에 부어 제품의 모양을 만들어 내는 것입니다.
설계가 복잡한 제품은 부품마다 금형이 필요한데, 금형의 가격은 복잡도, 제품의 크기,
부품의 개수, 소재에 따라 달라집니다.

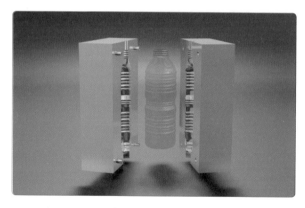

[플라스틱 제조 방식]

　주조 방식으로 인한 불량은 제작 과정 중 작업자의 실수로 나오는 경우도 있지만, 금
형의 불량, 설계에서 발생하는 불량, 세팅 값으로 발생하는 불량, 원재료의 불량 등 다양
하게 발생할 수 있습니다. 어떤 이유로 불량이 발생했는지 확인하기 어렵다면, 제품에서

불량이라고 생각되는 부분을 사진으로 찍어서 제조사에 설명과 개선을 요청하는 것이 좋습니다.

제품을 많이 제작해 본 경험이 없다면, 이러한 불량의 발생을 예측하기가 어렵다고 생각합니다. 그럴 때는 같은 소재의 제품을 판매하는 기존 업체의 쇼핑몰 홈페이지를 방문해서 힌트를 얻을 수 있습니다. 사람들의 제품 문의나 후기, '제작 공정에서 발생할 수 있는 불량'에 대해서 교환 및 환불 대상이 아님을 밝히는 페이지를 참고하는 것도 좋습니다.

불량의 종류를 확인했다면, 제조사와 어느 정도까지 품질과 마감 상태를 올릴 수 있는지 상의하고, 품질 기준을 만들어 두어야 추후 벌크 오더 시에 발생할 수 있는 논쟁에 대비할 수 있습니다. 만약 품질에 대해 끝까지 협의가 되지 않는다면, 다른 업체를 찾아보거나, 발생할 수 있는 불량 문의에 대응하는 고객 매뉴얼을 마련해 둡니다.

3. 상품의 포장 상태

샘플링에서 제품의 품질 다음으로 중요하게 확인해야 하는 것은 포장 상태입니다. 유리, 플라스틱과 같은 소재는 약한 충격에도 깨지기 쉬우며, 설계가 복잡한 전자 제품은 충격으로 인해 고장날 가능성이 높습니다. 깨지기 쉬운 소재의 특성을 가진 제품과 전자 제품은 제품 하나하나에 안전 포장을 해야 합니다. 제품마다 안전 포장이 미리 되어 있어야 국내에서도 파손 없이 고객에게 배송할 수 있습니다. 안전 포장은 제품을 틀로 고정하여 충격을 완화하는 방법과 에어캡 등 완충재를 사용해서 충격을 완화하는 방법이 있습니다.

틀로 고정하는 방법에는 스티로폼, 종이, EVA 가교 등 다양한 방법이 있으나, 스티로폼은 환경 부담금이 발생할 수 있고, 종이나 가교는 개당 제작 비용 및 포장 비용이 추가로 발생할 수 있습니다.

오염이나 이염이 발생할 수 있는 패브릭 제품은 기상 상황에 따라 오염이 발생하지 않도록 비닐 포장을 하는 것이 좋습니다. 제품의 소재, 예산, 그리고 제품의 콘셉트에 따라 안전 포장하는 방법을 제조사와 논의해 보도록 합니다. 어떻게 포장해야 할지 잘 모르겠다면, 한국에서 비슷한 제품군을 구매해서 포장 상태를 확인해 보는 것이 가장 빠르고 정확한 방법입니다.

[안전 포장의 종류]

지금까지 샘플링을 하면서 확인해야 할 것들에 대해 알아보았습니다. 아래 체크 리스트를 하나씩 확인하면서 제품에 문제가 없는지 확인하고, 발생할 수 있는 불량이나 포장 상태에 대해서는 사전 협의를 해야 합니다. 협의가 이뤄진 내용은 인보이스 하단에 꼭 명시하도록 하며, 알리바바 내에서도 기록될 수 있도록 하는 것이 좋습니다.

샘플 진행 시 체크리스트

- 제품이 원하는 디자인으로 제작되었는가?
- 사이즈, 컬러가 요청한 대로 제작되었는가?
- 소재에 따른 불량은 없는가?
- 제품의 파손, 오염 없이 배송되었는가?
- 포장 상태는 어떠한가?

샘플 발주 및 샘플 비용 결제

1. 샘플 비용 지불 방법

샘플 비용은 원하는 제품의 조건에 따라 달라지며 적게는 $50, 많게는 $1,000 정도까지 비용이 발생합니다. 기술적으로 수정되어야 하거나 금형을 바꿔야 하는 제품이라면, $1,000 이상의 비용이 발생할 수도 있습니다. 예산에서 샘플 비용을 미리 책정해 두는 게 추후 비용을 관리할 때 용이합니다.

샘플의 운송비는 제품의 부피나 무게에 따라 책정되기 때문에 제품마다 천차만별입니다. 무겁고 부피가 클수록 운송비가 많이 듭니다. 일반적으로 제조사에서 사용하는 EXPRESS 회사를 이용하며, 회사마다 조금씩 가격 차이가 납니다. 샘플 비용은 보통 제품의 비용과 운송비를 합한 금액을 알리바바 사이트에서 지불합니다.

평균적으로 샘플 비용은 $100을 넘어가지 않습니다. 해외 송금인 T/T로 결제할 때에는 건당 $40의 수수료가 고정적으로 발생하고, 알리바바는 수수료가 2.99%로 $100 상품의 수수료는 $2.99입니다. 샘플 같은 경우에는 해외 송금(T/T)보다 신용카드로 결제 시 수수료가 훨씬 저렴합니다.

[수수료 예시]

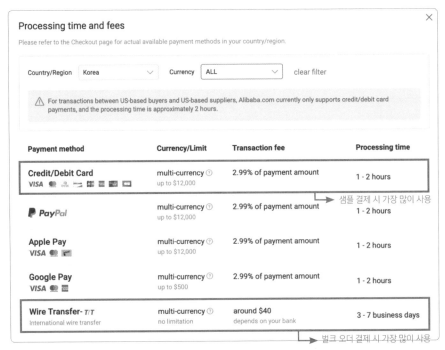

Processing time and fees

Please refer to the Checkout page for actual available payment methods in your country/region.

Country/Region Korea   ∨   Currency ALL   ∨   clear filter

⚠ For transactions between US-based buyers and US-based suppliers, Alibaba.com currently only supports credit/debit card payments, and the processing time is approximately 2 hours.

Payment method	Currency/Limit	Transaction fee	Processing time
Credit/Debit Card VISA	multi-currency ⓘ up to $12,000	2.99% of payment amount	1 - 2 hours
PayPal	multi-currency ⓘ up to $12,000	2.99% of payment amount	1 - 2 hours
Apple Pay VISA	multi-currency ⓘ up to $12,000	2.99% of payment amount	1 - 2 hours
Google Pay VISA	multi-currency ⓘ up to $500	2.99% of payment amount	1 - 2 hours
Wire Transfer- *T/T* International wire transfer	multi-currency ⓘ no limitation	around $40 depends on your bank	3 - 7 business days

→ 샘플 결제 시 가장 많이 사용

→ 벌크 오더 결제 시 가장 많이 사용

[알리바바 결제 수수료]

2. 샘플 비용을 줄이는 노하우

• 샘플 비용 환불 가능 여부

　샘플 주문 후 벌크 오더까지 진행하는 경우, 샘플 비용을 최종 오더 결제 비용에서 빼 주기도 합니다. 샘플 비용을 결제하기 전에 '벌크 오더를 발주하면, 샘플 비용은 환불이 가능한지' 물어보세요. 실제로 환불해 주는 게 아니라, 최종 발주 비용에서 샘플 비용만큼 제하고 벌크 오더를 결제하게 됩니다. 이때 운송비는 대상이 아닐 수 있지만, 샘플 비용을 빼 주는 곳이 많습니다. 샘플 비용이 $10 이하라면 환불 받기 어렵겠지만, 제조사와 이야기해 보는 걸 추천합니다.

• 샘플 금액과 운송비를 $250 이하로 인보이스 작성

　기본적으로 제품을 해외에서 국내로 반입할 때, 제품 구입 금액과 운송비를 합친 금액이 $150 이상이면 세금이 부과됩니다. 여러분이 구입한 샘플은 '견품'으로, 샘플 금액과 운임을 포함하여 $250 이하라면 간이신고 대상 물품이라 세금 부과 대상에서 제외됩니다. 이때는, 샘플로 사용한다는 것을 증빙하기 위해서, 사업자등록증과 샘플 반입 사유서를 제출해야 합니다. 무상으로 샘플을 받았더라도 인보이스에 기재된 금액으로 수입 절차가 진행되기 때문에, 과세 기준 금액을 넘는지 확인해야 합니다. 예를 들어 인보이스 금액이 $260이라면, 샘플에 대한 세금이 부과됩니다.

샘플을 주문할 때에는 운송비 포함 $250가 넘는지 확인하고, 인보이스에 표기된 금액이 너무 높게 책정되어 있다면 인보이스를 더 낮은 가격으로 발행해 줄 수 있는지 제조사에 요청해 보세요.

간이신고 대상 물품

아래에 기재된 물품에 대하여는 첨부 서류 없이, 수입신고서에 신고사항을 기재하여 신고하면 됩니다.
· 당해 물품의 총 가격이 미화 150불 이하이며 국내 거주자가 자가 사용으로 수취하는 면세대상 물품
· 당해 물품의 총 과세 가격이 운임 포함하여 미화 250불 이하의 면세되는 상용 견품
· 설계 도중 수입 승인이 면제되는 것
· 금융기관이 외환 업무를 영위하기 위하여 수입하는 지불 수단

• **샘플 발송 전 샘플 사진 요청**

간혹 샘플을 요청했는데 다른 컬러, 다른 디자인의 엉뚱한 제품이 올 때가 있습니다. 색은 다르지만 같은 품질이라고 비슷한 제품을 보낼 때도 있고, 재고가 있는 샘플 중에 다른 디자인을 보낼 때도 있습니다. 샘플 비용에 운송 비용까지 많은 돈을 지불했는데, 의미 없는 샘플을 받게 되면 시간과 비용을 버리는 것과 같습니다. 이를 방지하기 위해서, 샘플을 발송하기 전에 사진을 보내 달라고 이야기하고, 사진상으로 문제가 없을 때 발송 요청을 합니다.

해외 소싱을 하다 보면, 예상하지 못한 일들이 발생하는 경우가 많습니다. 해외에서 제작하는 것이기 때문에, 한 번 제품이 잘못 배송 오면 한국에서 제작할 때보다 시간과 비용이 많이 발생합니다. 해외 소싱을 할 때에는 말로 아무리 잘 설명을 한다고 하더라

도 오해의 소지가 생길 수 있습니다. 제조사와 사진으로 소통하는 것을 추천합니다.

• 카탈로그 및 브로슈어 요청

샘플을 요청할 때, 회사에서 취급하는 제품이 소개된 카탈로그 및 브로슈어도 함께 요청하는 것이 좋습니다. 보통은 메시지 창을 통해 PDF 파일을 전달받으며, 파일의 용량이 클 경우에는 메일로 발송합니다. 알리바바 페이지를 하나하나 보는 데에 시간이 오래 걸리고 등록을 하지 않은 제품이 있을 수도 있어서, 카탈로그나 브로슈어를 통해 새로운 제품을 찾을 수 있습니다. 브로슈어를 보다가 샘플 테스트를 해 보고 싶은 제품이 있다면, 함께 샘플을 요청하여 배송비를 아낄 수 있습니다.

• 신제품 유무 확인

제품에 관해 상의하다 보면 해당 제품이 신제품이 아닌 과거 모델인 경우도 있으므로, 샘플을 주문하기 전에 비슷한 기능의 신제품은 없는지 확인하는 것이 좋습니다. 업체에서 특정 국가, 특정 바이어에게만 팔기 위해서 신제품을 알리바바에 등록하지 않기도 합니다. 제조사에서는 보통 과거에 거래했던 업체에 먼저 제안하고, 특정 바이어에게만 판매하는 총판을 걸어 두는 경우가 많습니다.

전 세계의 바이어를 한번에 만날 수 있는 캔톤 페어 같은 큰 박람회를 앞두고 제품을 개발하는 업체도 많습니다. 최근에는 코로나 팬데믹으로 인해 온라인으로 대체되면서, 신제품이 실시간으로 알리바바에 등록되는 편입니다. 과거 모델의 제품을 소싱하는 것보다 신제품을 소싱하는 것이 훨씬 더 지속해서 판매할 수 있습니다.

샘플링 진행은 벌크 오더에서 발생할 수 있는 문제를 미리 파악하고 리스크를 줄이는 데 목적이 있습니다. 샘플 비용을 아낄 수 있는 부분에서 최대한 아끼되, 더 큰 비용을 치르는 것을 예방한다는 차원에서 꼭 진행하도록 합니다.

7장

4단계:
제품의 완성도를 올리는 상품 개발

상품 개발은 샘플링의 연속적인 단계입니다. 샘플링 단계에서 상품 개발이 이루어지기도 하고,
제품의 품질이나 제조사 선정에 중점을 두고 진행되기도 합니다. 일반적으로는 제조사가 정해진 이후부터,
제품의 상세한 디자인 작업이 시작된다고 볼 수 있습니다.

Step 1	Step 2	Step 3	Step 4	Step 5	Step 6	Step 7	Step 8	Step 9
상품 기획/ 시장조사	견적 문의	샘플링	상품 개발	발주/결제	해외 물류	통관/인증	입고/ 판매 준비	상품 판매

브랜딩의 시작, 컬러 변경과 로고 프린트

제품 개발은 브랜딩의 일부입니다. 브랜딩을 한다는 것은 고객에게 일관된 메시지를
지속해서 전달하면서 인지시키는 과정입니다. 메시지를 한 번 전달했다고 해서, 소비자
가 그 브랜드를 바로 인지하는 것은 아닙니다. 이 과정은 제품과 브랜드에 따라 수년이
걸릴 수도 있습니다. 지속적인 메시지를 전달하는 것이 중요하므로, SNS를 통해서 콘
텐츠를 계속 발행하며 소통하면 도움이 될 수 있습니다. 또한, 수많은 온라인 콘텐츠보
다 실제로 제품을 경험하는 오프라인 경험이 더욱 기억에 남습니다. 제품의 컬러, 패키
지 소재, 로고, 리플렛, 그리고 포장 방법 자체도 브랜드의 메시지를 담아 고객에게 전달
할 수 있습니다. 예를 들어, 친환경적인 제품을 판매할 경우, 스티로폼 충전재를 사용하

거나 과대 포장을 하는 것은 브랜드에서 전달하고자 하는 이야기와 상반될 수 있습니다. 스티로폼 충전재 대신 재생지를 사용하고, 패키지는 화려한 컬러를 과도하게 많이 쓰기보다는 내추럴한 소재를 사용하는 것이 친환경 제품에 대한 생각을 담아내는 브랜드 메시지를 전달하는 데 더욱 효과적일 수 있습니다.

제품에 로고를 새기고 컬러를 변경하는 것만으로도 기존 제품과 다르게 보입니다. 제품을 다르게 표현하기 위해서 제조사에 디자인, 로고, 컬러를 나의 조건대로 변경할 수 있는지 문의합니다.

1. 로고: 비용, 디자인, 사이즈, 표현 방법

로고는 제품에 따라 각인 형태, 라벨지 형태, 스티커 형태 등 다양하게 표현할 수 있습니다. 제작 방법에 따라 다르지만, 일반적으로 로고 프린트는 추가 비용이 발생하지 않으나 최소 발주 수량(MOQ)은 높아질 수 있습니다. 예를 들어, 최소 발주 수량이 50개인 $5의 상품에 로고를 인쇄할 경우, 같은 상품 가격에 최소 발주 수량이 300개로 늘어날 수 있습니다. 제품마다 문의하면서 로고 프린트 여부에 관해서 결정하도록 합니다.

로고 디자인은 레터링, 심볼 등 다양한 형태가 있습니다. 특히 레터링 로고를 인쇄할 때에는 가독성을 생각하여 사이즈를 설정해야 합니다. 로고의 위치나 사이즈를 고려해서, 글자가 길어지거나 눌리지 않도록 제작 의뢰를 해야 합니다. 무조건 로고를 크게 프린트하는 것이 좋은 것만은 아닙니다. 제품의 특성과 사용성에 맞게 로고의 크기와 위치를 결정하는 것이 중요합니다. 실제로 제조사에 제품 프린트 요청을 하기 전에 한국에서 실제 로고 크기로 인쇄해서 제품에 붙여 볼 것을 권장합니다. 중국 제조사와 소통할 때에는 명확하고 정확한 정보로 소통하는 것이 중요합니다. 업무 역량이 모두 다르고 국적이 달라 언어의 장벽이 있을 수밖에 없어서, 누구나 보기 쉽게 시각화해서 제작 요청하는 것이 시간과 비용을 줄일 수 있는 방법입니다.

다음 예시와 같이 대략적인 제품의 레이아웃을 토대로 로고의 위치를 정하고, 제품의 끝에서 얼마나 떨어져야 하는지 등 정확한 가이드를 주는 것이 좋습니다. 로고 파일은 일러스트 파일(.ai)로 제조 공장에 전달하며, 작업 지시서까지 함께 전달하면 더욱 정확하게 진행할 수 있습니다. 모든 내용은 간결하고 정확해야 하며, 파일명은 영어로 작성하도록 합니다(ex. 파일명: company name_massage gun_LOGO_ver1)

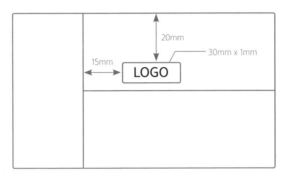

[로고 위치 표시]

2. 컬러 변경

제품의 컬러 변경은 시각적으로 고객의 시선을 사로잡는 가장 강력한 방법입니다. 컬러를 설정할 때에는 팬톤 컬러 칩을 사용하는 것이 좋습니다. 팬톤 컬러는 컬러+번호로 구성되어 있어 번호만으로 업체와 소통을 명확하게 할 수 있는 장점이 있습니다.

팬톤에서는 매년 트렌드 컬러를 발표하고, 새로운 컬러를 추가하고 있습니다. 온라인에서도 다양한 컬러 칩을 확인할 수 있으며, 컬러북이 아니라 컬러칩 단품으로도 구매할 수 있습니다. 컬러 북은 20만 원 정도로 다소 비싸지만, 지속적인 제품 개발을 할 예정이라면 하나쯤 구매하는 것을 추천합니다.

섬유, 플라스틱, 인쇄물 등 소재에 따라 사용하는 컬러 북이 다를 수 있습니다. 의류만 진행하는 제조사는 패브릭으로 되어 있는 팬톤 컬러 칩을 사용하기도 하지만, 대중적으로 제조사에서는 '포뮬러 가이드(Formula Guide)'를 많이 사용합니다.

[이미지 출처: http://pantone.kr/ 팬톤코리아]

　　팬톤 컬러는 온라인에서도 확인할 수 있지만, 디스플레이마다 설정 값이 다르기 때문에, 컴퓨터나 핸드폰으로만 컬러를 요청하는 것은 정확한 컬러 구현이 어려울 수 있습니다. 꼭 실물 형태의 컬러북이 있는지 확인해 보세요.

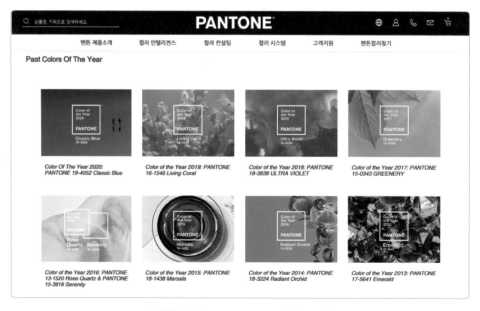

[이미지 출처: http://pantone.kr/ 팬톤코리아]

로고와 컬러를 변경한 내용을 정리한 문서를 '작업 지시서'라고 부르며, 실무에서 사용하는 작업 지시서는 아래의 이미지와 같습니다. 형식보다는 전달하고자 하는 내용을 명확하고 정확하게 전달하는 것에 중점을 두고 소통합니다.

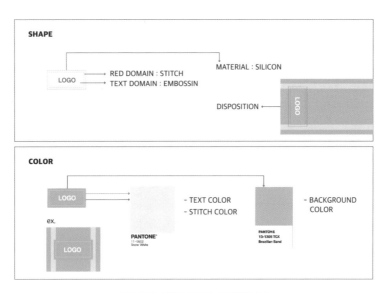

[실무에서 실제로 사용하는 작업 지시서]

패키지 및 사용 설명서(리플렛), 필수 표시 사항

1. 패키지: 제품을 보호하고 정보를 전달하는 역할

패키지는 다양한 기능을 가지고 있습니다. 제품을 외부로부터 보호하는 역할, 제품의 정보를 전달하는 역할을 하며, 물류에서는 제품을 구분하는 최소 단위로도 사용됩니다. 또한, 제품에 미처 표현하지 못한 브랜드의 스토리나 다양한 메시지를 담을 수 있습니다.

패키지는 실무에서 사용하는 용어로 'Color Box'라고 하며, 박스의 도면은 'Layout'이라고 합니다. 제조사에 요청하면 다음과 같은 패키지 도면을 받을 수 있습니다. 패키지 도면은 제품의 사이즈를 고려하여 제작됩니다. 제조사는 같은 제품으로 패키지를 제작해 본 경험이 많기 때문에, 바이어가 직접 도면을 그리는 것보다는 제조사에서 도면을 받는 것이 훨씬 안전합니다.

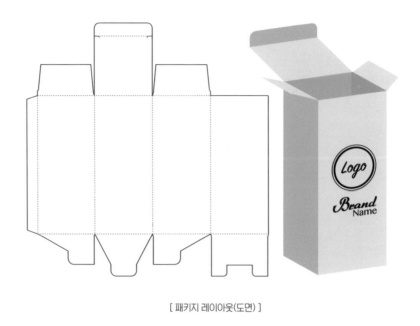

[패키지 레이아웃(도면)]

패키지는 위로 여닫는 형태, 선물 상자 형태, 서랍 형태 등 다양한 방법으로 제작할 수 있습니다. 패키지 비용은 최소 $0.5~3로 때에 따라 비용이 추가로 발생할 수 있으며, 사이즈 및 디자인의 복잡도, 박스의 부속 자재(포장 자재), 패킹하는 데 필요한 가공비를 고려하여 결정됩니다.

패키지 디자인은 패키지 도면을 받은 후 도면 위에 바이어가 디자인하여 제조사에 전달합니다. 종이의 품질이나 인쇄 정도에 따라서 결과물이 디자인했던 것과 차이가 발생할 수 있어서, 제조사에 인쇄 후 사진으로 찍어서 보내 달라고 요청하거나, 해외 택배를 통해서 실물로 확인하는 것이 좋습니다. 여러분들이 직접 패키지 디자인을 하기 힘들다면, 숨고나 크몽 같은 프리랜서 마켓에서 패키지 디자이너를 구하여 진행할 수도 있습니다.

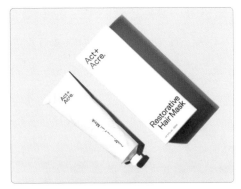
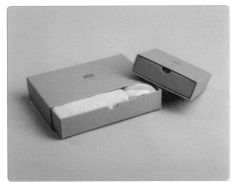
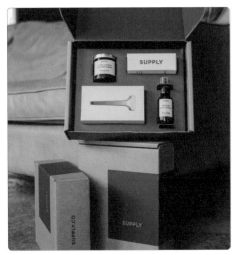

[패키지 예시]

2. 리플렛: 제품에 표현하지 못한 브랜드의 스토리나 다양한 메시지를 담는 매개체

리플렛을 마케팅 용도로 활용하면 고객들의 추가 구매를 기대할 수 있으며, 브랜드의 충성도를 올리는 매개체가 될 수 있습니다. 필수적인 사항은 아니지만, 나의 브랜드를 알리고 추가 매출을 내기 위한 수단으로 사용해 볼 만합니다.

보통 리플렛은 제품과 패키지에 전부 담지 못한 브랜드 메시지를 담는 용도로 사용합니다. 제품의 특장점이나 제작 스토리를 소개함으로써, 브랜드를 홍보하는 역할로 사용하기에 좋습니다. 여러 SNS 홍보나 판매하고 있는 다른 제품을 소개하기도 하며, 다양한 혜택을 제공하는 쿠폰의 용도로도 사용합니다. 제품을 사용하는 방법이나 쇼핑몰 홈페이지 주소를 삽입하기도 하고, 최근에는 QR코드를 삽입하여 재구매할 수 있도록 리텐션을 높이는 마케팅을 하고 있습니다.

[리플렛 활용 예시]

3. 안전 포장: 제품을 외부로부터 보호하는 역할

패키지는 고객이 사용하기 전까지의 유통 과정에서 발생할 수 있는 오염과 파손으로부터 제품을 보호하는 역할을 합니다. 오염을 방지하기 위해 제품을 폴리백으로 포장한후, 박스에 넣는 경우도 있습니다.

무겁거나 깨지기 쉬운 제품은 꼭 안전 포장을 해야 합니다. 외부로부터의 충격을 흡수하기 위해 박스를 두껍게 만들거나, 충격을 흡수하는 완충재를 넣거나, 종이나 스티로폼으로 틀을 만들어, 제품이 흔들려 파손되는 것을 막을 수 있습니다. 제품이 무거우면 배송하는 과정에서 박스에서 제품이 이탈하기도 하는데, 이런 경우에는 박스 입구에 스티커를 부착하여 이탈을 방지합니다.

4. 바코드: 물류에서는 제품을 구분하는 최소 단위

패키지는 재고나 제품을 최소 단위로 구분하는 역할을 하는데, 이때 바코드를 삽입하여 관리하는 것이 일반적입니다. 소량으로 진행 시 물류 센터에 위탁하지 않는다면, 바코드를 입력하지 않아도 관리할 수 있습니다.

고객에게 배송하는 국내 물류 업무를 아웃소싱하기 위해서는, 제품을 구분할 수 있는 바코드를 필수로 부착해야 합니다. 바코드는 제품의 정보를 담거나 옵션을 구분하는 등 제품을 관리하는 데 용이하며, 출고 전에 바코드를 스캔하여 오배송을 줄일 수 있습니다. 기존 제품에 바코드가 부착되어 있지 않을 시에는, 국내 물류 업체에 바코드 부착 대행을 요청할 수 있습니다. 다만, 추가 비용이 발생할 수 있으므로, 패키지 제작 시 바코드를 추가하여 제작하는 것이 좋습니다.

바코드 스캐너가 인식하는 막대 부분(EAN-13)

사람이 인식하는 숫자 부분(GTIN-13)

[바코드의 구성]

바코드는 고유성에 따라 비표준 상품 식별코드와 표준 상품 식별코드로 나눌 수 있습니다. 비표준 상품 식별코드는 구글에서 '바코드 생성기'를 검색하여 무료로 쉽게 만들 수 있으나, 다른 바코드와 중복될 가능성이 있습니다. 또한, 유통 업체의 관리 기준에 따라 바코드 운영 체계가 다르면 혼선이 생길 수 있으므로, 유통 업체마다 요구하는 바코드를 발행해야 할 수도 있습니다. 이러한 혼선을 줄이기 위해 상공회의소 유통관리진흥원에서 제공하는 고유한 표준 상품 식별코드(바코드)를 생성할 수 있습니다. 표준 상품 식별코드는 전 세계에서 중복 없이 사용 가능합니다.

비표준 상품 식별코드의 문제점	표준 상품 식별코드의 이점
· 하나의 상품에 다수의 코드/코드 체계가 사용되어 시스템이 복잡해짐 · 제품별로 상이한 코드 체계 관리 필요 – 코드 체계별 포장재 제작 등 비용 증가 · 사용 지역의 제한성	· 하나의 상품에 하나의 고유한 코드가 부여되어 관리가 용이함 · 내부 시스템 간소화 및 효율성 재고 – 비용 및 시간 절감

표준 상품 식별코드는 유통진흥원에 가입 후 발급받을 수 있으며, 아마존 등 국제 사용 규정에 맞는 바코드를 발행할 수 있습니다. 비표준 상품 식별코드는 비용이 따로 발생하지 않는 반면, 표준 상품 식별코드는 바코드를 발급받는 데 비용이 발생합니다. 발급 비용은 연간 매출액에 따라 다르나 입회비와 회비를 포함하여 최소 35만 원 정도가 발생합니다. 처음부터 이 비용을 지불하기 부담스럽다면, 비표준 상품 식별코드부터 사용하다가 어느 정도 규모가 커지면 표준 상품 식별코드로 바꿔서 진행하는 것을 추천합니다. 장기적인 관점에서는 표준 상품 식별코드를 사용하는 것이 관리에 들어가는 비용과 시간을 줄여 줍니다.

등급	업체 규모(연간 매출액)	입회비	회비(3년 기준)	합계
8	100억 이상~500억 미만	200,000원	1,800,000원	2,000,000원
9	50억 이상~100억 미만	200,000원	900,000원	1,100,000원
10	10억 이상~50억 미만	200,000원	600,000원	800,000원
11	5억 이상~10억 미만	200,000원	300,000원	500,000원
12	5억 미만	200,000원	150,000원	350,000원

바코드 디자인에는 다양한 컬러를 넣을 수도 있지만 컬러에 따라 바코드 리딩이 안 될 수도 있으니, 흰 바탕에 검은색 음영이 있는 이미지로 사용하는 것을 권장합니다. 자세한 내용은 코리아넷(http://www.koreannet.or.kr/)에서 확인할 수 있습니다.

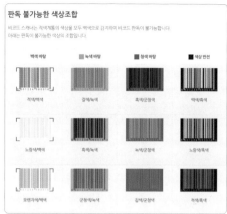

5. 필수 표시 사항, 원산지 표시: 제품에 대한 정보를 전달하는 역할

제품을 수입할 때는 기본적으로 원산지 표시와 제품의 품목에 맞는 상품의 표기 사항이 있어야 합니다. 알리바바에서 해외 소싱을 하면서 이런 부분들을 놓치기 쉬운데, 꼼꼼히 챙기지 않으면 제품을 수입할 때 통관이 되지 않거나, 판매가 불가능한 부분이 생길 수 있으므로 주의해야 합니다. 이러한 부분은 통관에 필요한 정보이므로 제조사가 알아서 작업해 주는 영역도 아니고, 물류를 대행하는 포워더가 챙겨 주는 사항도 아닙니다. 물건을 수입하는 바이어가 챙겨야 하는데, 해야 한다는 것을 아무도 알려 주지 않아 놓치기 쉽습니다. 각 표기 사항은 제품마다 관할하는 기관이 다르기 때문에, 정보를 찾기도 쉽지 않습니다. 몇 가지의 예를 들어 설명하겠습니다.

• **원산지 표시**

원산지 표시는 생산자 및 소비자 보호를 위해, 수입 물품이 어떤 나라에서 재배, 사육, 제조 또는 가공된 것인지에 대해 표기하는 것을 말합니다. 원산지 대상 품목과 품목 코드에 따라 원산지 표시 여부 및 방법은 다릅니다. 모든 제품에는 품목 코드가 부여되는데요, 품목 코드는 HS CODE라고 하며, '관세청-관세법령정보포털'에서 확인할 수 있습니다.

예를 들어 원산지가 중국이라면 '원산지: 중국', 'Made in China' 등의 방법으로 제품에 표기하는 것이 일반적이며, 최종 구매자가 해당 물품의 원산지를 용이하게 판독할 수 있는 크기의 활자체로 표시해야 합니다. 원산지는 제조 단계에서 인쇄, 각인, 주조, 박음질 등으로 표시하여 상품 생산 시에 제품에 표시될 수 있도록 해야 합니다. 제품에 표기하는 것이 원칙이며, 제품의 표기가 어려울 때는 상품의 최소 포장 단위인 패키지에 표기할 수 있습니다.

HS	물품명	적정 표시 방법	비고
	⋮		
4016	가황한 고무 제품(바닥깔개, 매트, 공기매트리스, 베개, 쿠션)	· 현품에 원산지 표시	원산지 표시 의무 이행 요구
4016	지우개, 고무풍선, 밴드, 골무	· 소매용 최소 포장에 원산지 표시	
4202	트렁크, 가방, 배낭, 핸드백, 지갑	· 현품에 라벨 봉제 원산지 표시	라벨 봉제가 불가능한 경우, 다른 방법 허용
4202	각종 케이스(안경, 악기, 사진기, 총, 담배, 공구 등)	· 현품에 원산지 표시 · 'Case made in 국가명' 형태로 표시	
	⋮		
6201~6211	의류	· 현품에 라벨 봉제 원산지 표시	
6212	브래지어, 거들, 콜셋, 브레이스	· 현품에 라벨 봉제 원산지 표시	
6213	손수건	· 현품에 라벨 봉제 원산지 표시 · 선물용 세트는 케이스에 원산지 표시 허용	
6301	모포, 여행용 러그	· 현품에 라벨 봉제 원산지 표시	
	⋮		

[HS CODE에 따른 원산지 표시 예시]

상품에 원산지 표기가 어려워, 최소 포장 단위에 표시할 수 있는 경우(대외무역관리규정 제75조)

· 해당 물품에 원산지를 표시하는 것이 불가능한 경우
· 원산지 표시로 인해 해당 물품이 크게 훼손되는 경우(예: 당구공, 콘택트렌즈, 포장하지 않은 집적회로 등)
· 원산지 표시로 인해 해당 물품의 가치가 실질적으로 저하되는 경우
· 원산지 표시 비용이 해당 물품의 수입을 막을 정도로 과도한 경우(예: 물품 값보다 표시 비용이 더 많이 드는 경우 등)
· 상거래 관행상 최종 구매자에게 포장, 용기에 봉인되어 판매되는 물품 또는 봉인되지는 않았으나 포장, 용기를 뜯지 않고 판매되는 물품(예: 비누, 칫솔, VIDEO TAPE 등)
· 실질적 변형을 일으키는 제조 공정에 투입되는 부품 및 원재료를 수입한 후 실수요자에게 직접 공급하는 경우
· 물품의 외관상 원산지의 오인 가능성이 적은 경우(예: 두리안, 오렌지, 바나나와 같은 과일·채소 등)
· 관세청장이 산업통상자원부 장관과 협의해 타당하다고 인정하는 물품

• 식품위생법에 의한 한글 표시 사항

물통, 식기 등과 같이 입에 닿는 제품은 모두 식품의약안전처에서 관리하고 있습니다. 통관 시 제품에 대한 안전성 검사를 해야 통관이 완료되는데, 이때 제품에 대한 정보가 제품에 표기되어 있어야 합니다. 자세한 내용은 '식품의약품안전처 홈페이지'에서 정보를 찾을 수 있습니다.

식품위생법에 의한 한글 표시 사항

[기구 또는 용기·포장]

1. 영업소(장)의 명칭(상호) 및 소재지
2. 재질명(합성수지제 또는 고무제에 한함)
3. '식품용' 단어 또는 도7에 따른 '식품용 기구 도안' 표시
   - 표시 장소: II.1.가.에 따라 소비자에게 판매하는 제품의 최소 판매 단위별 용기·포장에 표시하거나 제품 자체에 표시한다.
   - 표시 방법: 잉크·각인 또는 소인으로 표시하는 것을 원칙으로 하되, 제품의 특성상 잉크·각인 또는 소인이 불가능한 경우 스티커 또는 꼬리표를 사용하여 표시할 수 있다.
   - 주의 사항(해당하는 경우에 한함)
   - 기타 표시 사항
     - 유리제 가열조리용 기구는 직화용, 오븐용, 전자레인지용, 열탕용으로 구분 표시하여야 한다.
     - 전자레인지에 사용하는 합성수지제 기구 또는 용기·포장은 전자레인지용으로 구분 표시하여야 한다.
     - 기구 및 용기, 포장의 재질 표시는 식품과 직접 접촉하는 부분의 재질만을 표시할 수 있다.

> **식품위생법에 의한 한글 표시 사항**
>
> 제품명: 원목 도마
> 재질: 호두나무
> 수입 판매원: (주)가나다 (070-000-0000)
> 원산지: 인도네시아
> 제조원: PT. hello
> 반품 및 교환: 구입처 및 수입원
>
> 주의사항:
> 1. 사용 후 세척은 찬물로 즉시 해 주시고 통풍이 잘되는 곳에서 건조해 주세요.
> 2. 식기세척기 사용은 불가합니다.

• **전기용품 및 생활용품, 어린이제품**

'전기용품 및 생활용품 안전관리법' 및 '어린이 제품 안전 특별법'에 해당하는 제품은 최소한의 안전 요구 조건을 만족해야 시장에 출시할 수 있습니다. 제품을 생산하고 조립, 가공 또는 수입, 판매, 대여하는 사업을 하는 사람이라면, 제품안전기본법에 따라 소비자들이 제품에 대한 정보를 알 수 있도록 표기해야 합니다. 국내에서 제작하는 제품은 출고 전까지 인증을 받고 표기해야 하고, 수입하는 제품은 통관 전까지 모두 인증을 받아야 하며, 제품 혹은 최소 포장 단위에 인증에 대한 내용이 표기되어야 합니다. 인증 대상 여부는 '제품안전정보센터(https://www.safetykorea.kr)'에서 검색해서 확인할 수 있습니다.

안전인증의 종류

1. 안전인증대상 제품
2. 안전확인대상 제품
3. 공급자적합성확인대상 제품
4. 안전기준준수대상 생활용품
5. 어린이보호포장대상 제품

전기용품 및 생활용품 안전관리 운용요령 [별표 23] 기타 필요한 표시(제57조 관련)

1. 안전인증, 안전확인신고, 공급자적합성확인의 마크
2. 안전인증, 안전확인신고 번호
3. 모델명
4. 제조업체명 또는 수입업체명(외국 소재 제조 업체인 경우에만 제조 국명 표시를 추가)
5. 제품의 제조 시기를 알 수 있는 표시(예: 제조연월, 로트번호 또는 제조업자가 제조연월을 입증할 수 있는 표시 등)
6. 애프터 서비스 연락처(실질적으로 A/S가 가능한 국내의 연락처)
7. 개별 전기용품 안전기준에 규정한 표시 사항

안전인증 종류별 제품 표기 예시

안전기준준수대상 생활용품(예시는 의류 제품으로, KC 인증 마크 사용하지 않음)

1. 섬유 혼용률
   - 겉감: 면 100%
   - 안감: 폴리에스터 100%
2. 제조자명: hello company
3. 제조국(원산지): 중국
4. 제조연월: 2021.07
5. 치수(cm)
   - 가슴둘레: 85-93
   - 허리둘레: 70-80
   - 키: 157-170

6. 취급상 주의 사항

드라이클리닝 가능 / 산소, 염소계 표백제로 표백할 수 없음 / 그늘에 건조 바닥에 뉘어서 건조

원단 위에 천을 덮고 80-120℃로 다림질 / 30℃ 이하 찬물에서 울코스/단독세탁 / 물에 오랜시간 담금금지 단시간내 약하게 탈수가능

7. 판매처: (주)가나다
8. 주소 및 연락처: 서울시 강남구 (☎ 000-000-0000)

안전확인대상 제품

제품명: 핸디 선풍기

모델명: Fan-001

제조국: 중국

제조업체명: hello company

수입자/판매처: (주)가나다

주소: 서울시 강남구

전화: 02-000-0000

제조연월: 2021.11

정격전압: 3.7V, 2,000mAh

전자파 적합등록번호: MSIP-aaa-aaa-1234

안전확인신고 번호: XU 123456-12345A

어린이제품 공통안전기준의 표시 사항

1. 제조자명 또는 수입자명(수입품에 한함)

2. 주소 및 전화번호

3. 제조연월: "○○○○년 ○○월" 등으로 소비자가 쉽게 식별할 수 있게 표시하여야 한다.

4. 제조국: 「대외무역법」의 원산지 규정에 따른다.

5. 사용 연령(또는 권장 사용 연령)

6. 크기·체중의 한계: 착용 또는 탑승용 어린이 제품과 같이 크기 및 체중 제한이 있는 어린이 제품은 어린이 제품 자체 및 포장에 크기와 체중 등의 한계를 표시하여야 한다.

7. 필요 시에 사용상 주의사항 또는 사용 설명서: 어린이가 이해하기 쉬운 문구를 사용한다.

8. "KC 마크는 이 제품이 공통안전기준에 적합하였음을 의미합니다." 해당 문구를 제품에 눈에 띄게 표시하여야 한다. 또한 문구를 생략하려는 경우에는 소비자가 이를 즉시 확인할 수 있도록 제품에 홈페이지 주소 등을 기재하고, 이를 통해 소비자가 직접 확인이 가능함을 표시하여야 한다.

제품명: 장난감 기차

품명: 완구

사용 연령: 3세 이상

제조국: 중국

제조업체명: Hello factory

수입자/판매처: (주)가나다

주소: 서울시 강남구

전화: 02-000-0000

반품교환: 수입처 또는 구입처

제조연월: 2021.10

전파인증번호: R-R-TA0-TALING-001

안전확인신고확인번호: B356R3944-4003

부록

HS CODE 검색하기

해외 소싱에서의 HS CODE

HS CODE는 국제통일 상품분류체계에 따라 대외 무역 거래 상품을 총괄적으로 분류한 품목 코드를 말합니다. 총 6자리로 구성되어 있으며, 우리나라는 물건의 세부 분류를 위해 4자리를 추가해서 사용하고 있습니다. 사전적인 의미는 너무 어렵게 느껴지는데, 해외 소싱에서는 통관에서 관세를 매기는 기준으로 사용하거나 원산지 표기 방법을 찾는 데 사용합니다. HS CODE에 따라 관세율이 달라지고 실제 내 투자금에서 지출되는 돈이 달라지기 때문에, 어떤 HS CODE를 지정하는지 사전에 확인해야 합니다.

HS CODE를 검색하는 방법

• 관세법령정보포털(https://unipass.customs.go.kr/clip)

전통적으로는 '관세청 – 관세법령정보포털'에서 검색할 수 있습니다. 속견표를 보면서 해당하는 세부 분류로 찾아 들어가는 방법으로 HS CODE를 찾을 수 있습니다. 하지만, 학술적이고 전문적인 용어로 되어 있고, 분류표상의 용어를 인지하고 있지 않다면 정확한 HS CODE를 찾기 어려울 수 있습니다.

[관세법령정보 홈페이지]

• HS 내비게이션 활용하기(한국무역통계진흥원: https://www.bandtrass.or.kr/hsnavi.do)

HS CODE를 더욱더 빠르게 찾고 싶다면, 한국무역통계진흥원의 HS 내비게이션이라는 서비스로 HS CODE를 검색합니다. HS 내비게이션은 신고인이 통상적으로 사용하는 실거래품명으로 검색할 수 있으며, 같은 상품을 어떤 품목 코드로 많이 신고했는지 알 수 있는 서비스입니다.

1단계: 분류 품목 선택

검색 창에 '이불'이라고 입력하면, 'Blanket'으로 자동 번역해서 검색해 줍니다. 신고 비율이 61% 이상인 분류 품목이 빨간색으로 표시되며, 이불을 통관할 때 가장 많이 신고한 분류 품목은 '기타 방직용 섬유제품'이라는 것을 알 수 있습니다.

2단계: HS CODE 선택

분류 종목을 선택하면, 해당 품목에 해당하는 기본세율을 확인할 수 있습니다.

순번	HSCODE	신고비율	HS 품목 해설	신성질별 분류 해설	기본 세율
1	6301.10-0000	0.13%	전기모포	기타 비내구소비재	10%
2	6301.20-0000	1.22%	양모나 동물의 부드러운 털로 만든 모포(전기모포는 제외한다)와 여행용 러그(rug)	기타 비내구소비재	10%
3	6301.30-0000	4.85%	면으로 만든 모포(전기모포는 제외한다)와 여행용 러그(rug)	기타 비내구소비재	10%
최다신고	6301.40-0000	80.19%	합성섬유로 만든 모포(전기모포는 제외한다)와 여행용 러그(rug)	기타 비내구소비재	10%
5	6301.90-0000	7.62%	그 밖의 모포와 여행용 러그(rug)	기타 비내구소비재	10%
6	6302.10-1000	0.04%	면으로 만든 것	기타 비내구소비재	13%

3단계: 관세청 – 관세법령정보포털에서 HS CODE를 검색

HS 내비게이션에서 찾은 품목 번호를 관세법령정보포털에서 선택하면, 원산지 표기 방법 및 관세율을 확인할 수 있습니다. 6301.40-0000으로 신고되는 제품들은 원산지 표시 대상이며, '라벨'로 '봉제'하는 방법으로 표기해야 한다고 적정 표시 방법이 나와 있습니다.

신고 비율이 높은 HS CODE라 하더라도 소싱하려는 품목의 HS CODE와 통일성이 보장되는 것은 아니기 때문에, 참고하는 용도로만 사용하는 것을 추천합니다.

정확한 HS CODE를 확인하기 위한 2가지 방법

• 품목 분류 사전 심사(관세법령정보포털 > 세계 HS > HS 가이드 > 품목 분류 확인 방법)

수출입 신고를 하기 전에 수출입자가 스스로 품목을 분류하는 데 어려움이 있는 경우, 법령에서 정한 바에 따라 관세청 관세평가분류원장에 신청하면 법적인 효력이 있는 품목 번호를 결정하여 회신할 수 있도록 한 민원 회신 제도를 이용할 수 있습니다.

인터넷으로 '품목분류 사전심사 신청서'를 작성하고, 견본(샘플)을 관세평가분류원으로 발송하면 됩니다. 샘플을 보내기 어렵다면, '견본 미제출 사유서'와 '대체 사진 3장(컬러)'으로 대체할 수 있습니다.

• 관세사 전문 서비스 이용

해외 소싱을 할 때 포워더에게 해외 물류 대행을 맡기는데, 보통 포워더는 통관을 대행하는 관세사와 함께 일을 합니다. 관세사를 통해서 미리 HS CODE를 확인할 수 있습니다.

8장

5단계:
알리바바에서 결제하기

샘플링과 상품 개발을 통해서 제작 조건을 완성했다면, 이제 상품을 발주할 시점입니다.
해외 소싱을 하면서 가장 큰돈이 나가는 시기이기도 하고, 결제하고 나면 되돌리기가 어려우므로 신중해야 합니다.
저는 개인적으로 나의 상품이 드디어 만들어진다는 생각에 가장 설레는 시간입니다.

Step 1	Step 2	Step 3	Step 4	Step 5	Step 6	Step 7	Step 8	Step 9
상품 기획/ 시장조사	견적 문의	샘플링	상품 개발	발주/결제	해외 물류	통관/인증	입고/ 판매 준비	상품 판매

상품 발주 전 확인할 사항

제조사에 직접 송금을 해서 결제를 진행할 수도 있지만, 알리바바 내에서 결제하여 알리바바 무역 보증 서비스(Alibaba Trade Assurance)를 이용하는 것이 좋습니다.

알리바바 무역 보증 서비스는 납기, 품질에 대해 보증하는 서비스로, 제품 생산 지연 및 불량이 생겼을 경우 알리바바를 통해서 보장받을 수 있습니다. 처음 해외 소싱을 진행하는 분들은 꼭 알리바바를 통해서 진행하길 바랍니다.

1. 제조사 및 바이어 정보, 계약서

제조사는 계약 및 결제를 위해 알리바바 내에서 계약서 및 결제 초안을 작성하여 바이어에게 발송합니다. 바이어는 알리바바 메인 페이지 오른쪽 상단에 있는 '주문'이라는 버튼을 클릭하여 주문 리스트를 확인하고 결제를 진행할 수 있습니다.

'결제하기' 버튼을 클릭하면 결제 창으로 바로 이동하기 때문에, 결제 전에 '더 보기' 버튼을 눌러서 사전에 협의한 조건 및 금액이 맞는지 확인합니다.

'주문 상세 내용'에는 제조사에서 입력한 제조사 및 바이어 정보가 있습니다. 오른쪽 상단의 '계약서 보기'에서 계약서에 들어가는 제조사와 바이어의 기본 인적 사항이 맞는지 마지막으로 확인합니다.

Trade Assurance Purchase Contract
(this "Contract")

Order No. : 88548520965466

Version : 20161012

Date : 2017-12-22

Seller's Registered
Company Name :

Seller's Registered
Company Address :

제조사 정보

Email :

Buyer's Registered
Company
Name/Contact Name :

Buyer's Registered
Company
Address/Shipping
Address :

바이어 정보

Email :

Important Conditions

By logging onto the Alibaba.com international platform, and clicking and agreeing to this Contract, both Buyer and Seller acknowledge, agree and confirm to be bound by the terms and conditions of this Contract and the applicable " Trade Assurance Services Rules ", including in particular those terms which are in bold and underlined. Unless otherwise defined herein, capitalized terms used in this Contract shall have the same meaning as those defined in the applicable " Trade Assurance Services Rules ".

Contract Terms

Seller agrees to provide Trade Assurance Services to Buyer pursuant to this Contract. Seller hereby agrees to sell, and Buyer agrees to purchase, the products of Seller under the terms and conditions set forth in this Contract. Each of Seller and Buyer represents and warrants that it has obtained all necessary rights and authorizations to sell (in the case of Seller) or purchase (in the case of Buyer) the products respectively pursuant to this Contract.

[계약서 예시]

2. 세부 조건

결제하기 전에 제작 조건을 확인하는 습관을 지니고 있어야 합니다. 꼼꼼하게 확인해야 다음에 생길 수 있는 분쟁을 막을 수 있습니다.

배송 방법		배송비	
🚢 해상 운송		무료 배송	
발송일			
전액 결제 후 10일 이내에 배송			
배송 주소			
거래 조건			수출 방식
FOB : 배송 및 보험 서비스를 예약하고 배송료와 보험료를 지불해야 합니다. 상품이 목적지 항구에 도착하면 수입 통관을 수행하고 수입 관세 및 기타 목적지 항구 수수료를 지불해야 합니다.			내보내기

[알리바바 결제 세부 사항]

• **배송 방법**

배송 방법은 특송, 항공 화물, 해상 화물 운송 등 다양하게 사용할 수 있습니다. 해외 소싱에서는 해상 화물 운송을 가장 많이 사용합니다.

• **배송일**

배송 날짜는 선금 또는 잔금 결제 이후 제조사와 최초에 협의했던 날짜로 결정됩니다. 예를 들어, '선금 결제 후 40일 이내에 배송', '잔금 결제 후 10일 이내 배송' 등으로 진행할 수 있습니다. 그 기간이 만약 협의한 기간보다 길다면 제조사에 꼭 이야기해서 수정해야 합니다. 여기서 배송일의 기준은 제조사에서 제품을 출고할 수 있는 날을 말합니다. 제조사에서 제품을 출고한 이후 항구의 사정이나 선박 스케줄로 인해 배송이 늦어지는 것에 대해서는 제조사의 귀책에 포함되지 않습니다.

• **거래 조건(인코텀즈)**

견적 문의 시 협의한 무역 조건인 인코텀즈가 맞는지 확인합니다. 샘플은 보통 배송비가 포함된 DAP를 많이 사용하고, 벌크 오더에서는 FOB를 많이 사용합니다. 인코텀즈는 책임과 비용 부담에 대한 부분으로, 만약 잘못 표기되어 있다면 금전적인 손실이 일어날 수 있으니 꼼꼼히 확인합니다. 인코텀즈·무역 조건에 관한 자세한 내용은 106페이지를 참고해 주세요.

알리바바에서 결제하기

1. 결제 조건: 선금과 잔금의 결제 시기 및 비율

상품의 결제는 계약금 개념의 '선금'과 선금을 차감한 나머지 금액인 '잔금'으로 나눠서 결제합니다. 선금과 잔금은 제조사와 협의하여 금액을 정할 수 있으며, 보통은 선금 30%, 잔금 70%로 총 2번 결제를 진행합니다. 협의가 이뤄진 내용은 인보이스 및 알리바바 주문 페이지에 입력하여 전달받도록 합니다.

[알리바바 주문 페이지에서 볼 수 있는 계약 조건]

• 선금과 잔금의 결제 시기

선금 결제는 제품을 발주하는 시점에 하고, 잔금 결제는 제품 생산이 완료된 이후 통관 전에 합니다. 선금을 결제한 시점부터 제조사는 제품에 들어가는 부품과 재료, 박스 패키지, 리플렛을 협력 업체에 발주해서 생산을 준비합니다. 따라서 선금을 입금한 이후에는 제품 스펙이나 패키지, 리플렛 등의 변경이 어렵습니다. 변경의 여지가 있다면, 미리 업체와 일정 조율을 해야 합니다. 생산이 완료됐다면 잔금을 결제합니다. 잔금을 결제하는 시기는 업체마다 조금씩 다릅니다. 잔금을 받고 상품을 출고하기도 하고, 통관전까지 결제하면 되는 곳도 있습니다. 이 부분은 제조사와 협의해야 합니다. 잔금을 받은 제조사는 한국으로 배송을 시작합니다. 생산이 완료되면 패킹까지 완료된 제품을 사진으로 요청한 후 잔금을 결제하는 게 좋습니다.

• 결제 조건 비율

선금과 잔금의 비율은 업체마다, 제품마다 다르게 결정됩니다. 선금은 보통 원자재 발주 비용에 준하는 금액으로 책정되기도 하고, 상품의 결제 금액으로 결정되기도 합니다. 일반적으로 선금 30% : 잔금 70% 또는 선금 50% : 잔금 50%를 가장 많이 사용합니다.

예를 들어, 최종 주문 금액이 $1,000이고 선금과 잔금의 비율이 30%/70%라면 선금은 $300, 잔금은 $700을 결제해야 합니다. 50%/50%의 비율이라면 선금은 $500, 잔금은 $500이 됩니다. 해외 소싱을 할 때는 현금 흐름이 중요합니다. 생산 기간 동안 너무 많은 현금이 선금으로 들어가는 것은 경영상 좋지 않으므로, 보통은 선금을 최소한으로 진행하는 게 좋습니다. 또한, 납품이나 제품에 문제가 생겼을 경우 선금의 비율이 높을수록 리스크는 커질 수밖에 없고, 발주 금액이 커지면 자연스럽게 선금의 부담이 커지므로 초기에 지급해야 하는 금액이 커집니다. 제조사에 많은 돈을 계약금으로 거는 것보다 최소한으로 금액을 걸어 두는 것이 리스크 대비에 좋습니다.

선금 30%	잔금 70%	가장 많이 사용하는 선금/잔금 비율
선금 50%	잔금 50%	
선금 100%		잔금 0%

2. 결제 방법

결제에도 다양한 방법이 있습니다. 한국에서는 카드사를 통한 신용카드 결제, 은행 계좌 이체, 네이버페이 등 플랫폼을 이용한 결제, 카카오 페이 등 메신저를 통한 결제 등 다양한 결제 및 송금 방법을 이용합니다. 해외 소싱에서도 국내와 비슷하게 다양한 결제 방법이 있습니다.

• 신용카드

신용카드 결제는 해외 사용이 가능한 신용카드를 알리바바 사이트에 등록하여 사용합니다. 결제 한도는 최대 $12,000이며, 수수료는 카드사에 따라 2.95%~4.5%로 상이합니다.

Payment method	Currency/Limit	Transaction fee	Processing time
Credit/Debit Card VISA	multi-currency ⓘ up to $12,000	2.99% of payment amount	1 - 2 hours

• 해외 송금(T/T, Telegraphic Transfer)

일반적으로 해외 송금(T/T)은 은행을 통해 수입 대금을 전신으로 송금하는 방식을 말합니다. 해외 계좌로 송금하는 것이기 때문에, 한국에서 계좌 이체를 하는 것보다 더 많은 정보와 절차가 필요합니다. 이 결제 방법은 업체의 신뢰도가 없다면 가장 위험한 방법이기도 합니다. 이러한 리스크를 줄이기 위해서, 은행이 중간에 보증을 서면서 거래하는 신용장(L/C) 방식이 생겼습니다. 은행이 중간에 보증을 서는 형태를 진행하기 위해서는, 회사의 재무 조건 등 다양한 부분에서 심사를 받아야 합니다. 통상적으로 $10,000가 넘어야 은행을 통한 신용장 거래를 할 수 있으므로, 결제 금액이 적다면 사용하기에 어려움이 있습니다. 모든 결제마다 안전한 신용 거래를 사용할 수 있도록, 알리바바에서 보증 서비스를 제공하고 있습니다. 알리바바 결제 시스템에 입력된 제조사 계좌로 송금하는 것으로, 품질과 납기 등 분쟁이 생겼을 때 보장해 주고 있습니다.

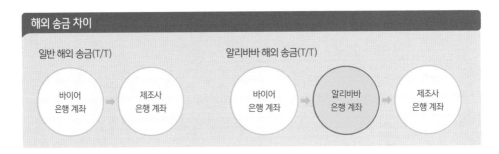

제조사와 견적을 받는 과정에서 PI(Profoma Invoice)를 받게 되는데, PI 하단에 제조사의 은행 계좌를 확인할 수 있습니다. PI에 있는 제조사 계좌로 송금하면, 알리바바 내부에서 대화를 진행했더라도 보증 시스템을 이용하지 않은 것이므로 보장을 받기 어렵습니다. 가끔 제조사에서는 알리바바의 수수료나 세금을 줄이기 위해서 알리바바가 아닌 제조사 은행 계좌로 바로 송금 요청을 하기도 합니다. 제조사와 충분한 신뢰가 있다면 제조사 계좌로 바로 송금해도 문제가 없으나, 신뢰가 쌓이기 전까지는 알리바바 결제 시스템 안에 있는 제조자 계좌로 송금하는 것이 좋습니다.

Wire Transfer - _T/T_

Make wire transfer via your local bank, secured by Trade
Assurance

	Transaction Fee	Processing Time
	USD 40.00 (estimated)	3-7 business days

citibank   International Wire Transfer
Beneficiary Country/Region: Hong Kong, China

Transaction Fee	Processing Time
USD 40.00 (estimated)	3-7 business days

[알리바바에서 해외 송금(T/T)으로 결제하는 영역]

International Wire Transfer Account

Payment total: **USD 45.00**

Transaction fee: **USD 40.00 (estimated) (Charged by remitting bank)**

Processing time: **3-7 business days**

ⓘ To avoid any potential exchange loss, we strongly suggest you paying in USD and require your bank to confirm beneficiary
bank's final receipt currency as in USD (especially when an intermediary bank is needed).

Payment currency:	**USD**
Beneficiary account number:	**1030 0079 9737 6** ✓ View Account Confirmation
Swift code:	
Beneficiary country/region:	
Beneficiary name:	
Beneficiary address:	
Beneficiary bank:	
Beneficiary bank address:	
Bank code:	
Branch code:	
Remark:	Please include the order number

Notice You will ONLY be covered by Trade Assurance when you make a payment to this suppliers Citibank account
shown above.

Print date: September 05, 2021 (GMT-8)

[알리바바에 등록된 제조사 계좌 정보 예시]

PROFORMA INVOICE

Order No. TME20060301

DATE: 3th.June.2020

Atten :

WE HEREBY CONFIRM HAVING SOLD TO YOU THE FOLLOWING GOODS ON THE TERMS AND CONDITIONS AS SPECIFIED BELOW

Item No.	Specification	Qty(pcs)	price(FOB)	total	picture
TM-19JM01	Material: ABS+Silica gel Battery Capacity: 2400mAh (KC) Charge: 16.8V/1.0A Massage Head: 6 * adjustable Color : Black N.W. : 0.735KGS Print LOGO Packing: first into the black tote bag, then into the color box. the last ten into an outer	100	$30.70	$3,070.00	

Remarks

1. TERMS OF PAYMENT: Pay 50 % deposit and Pay the balance payment before delivery

2.DELIVERY TIME:Within 25 days

3. INSURANCE: TO BE EFFECTED BY BUYER

4. PORT OF LOADING: NINGBO; PORT OF DESTINATION: Inchon Korea

5.PACKING: As order

6. BANK DETAILS FOR T/T:

INTERMEDIARY BANK :
SWIFT BIC :
BENEFICIARY BANK:
SWIFT BIC:
BENEFICIARY'S ACCOUNT NO.:
BENEFICIARY NAME:

SELLER   **BUYER**

[PI에 기재된 제조사 계좌 정보 예시]

• 이 외의 다른 결제 방법

이 외에도 Apple Pay, Google Pay 등 다른 외부 플랫폼을 통한 결제 방법도 있습니다. 결제 방법마다 결제 수수료가 다르므로, 여러분들의 상황에 따라 더 저렴한 수수료를 지불하는 방법을 선택해서 사용하는 것을 권장합니다.

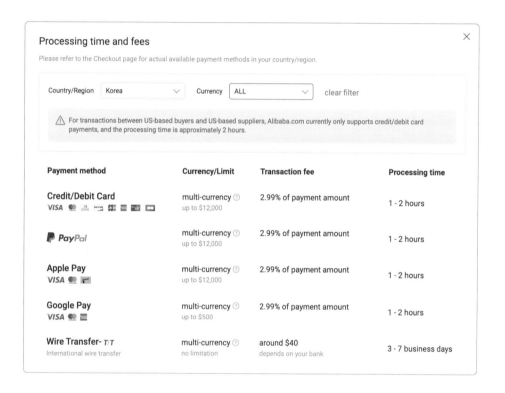

9장

6단계:
알아 두면 비용을
줄일 수 있는 해외 물류

생산이 완료되고 잔금까지 결제되면, 제조사가 물건을 한국으로 배송하는 과정만 남습니다.
한국으로 제품을 가져오는 데는 다양한 운송 방법이 있고, 각각의 운송 방법마다 장단점이 있습니다.
그중 컨테이너를 배에 실어 오는 해상 운송의 금액이 가장 저렴하기 때문에, 이 방법을 가장 많이 사용합니다.
운송 과정에서 필요한 기본 정보를 알아보겠습니다.

Step 1	Step 2	Step 3	Step 4	Step 5	Step 6	Step 7	Step 8	Step 9
상품 기획/ 시장조사	견적 문의	샘플링	상품 개발	발주/결제	해외 물류	통관/인증	입고/ 판매 준비	상품 판매

해외 물류 운송의 종류 및 과정

1. 운송의 종류

우리나라는 지리적인 특성으로 인해, 육로를 이용하는 도로 운송과 철도 운송을 사용하지 못하고, 항공 운송과 해상 운송만 사용합니다.

해상 운송, 항공 운송은 각각 장단점이 있습니다. 운송 비용은 기본적으로 부피와 무게로 운임이 책정되는데요, 부피가 크고 무게가 무거울수록 비용이 많이 듭니다. 같은 부피, 같은 무게라면 해상 운송이 항공 운송보다 저렴하지만, 시간이 오래 걸리는 단점이 있습니다. 해외 소싱에서는 다루는 수량이 많기 때문에, 주로 해상 운송을 많이 이용합니다.

항공 운송
빠름
(중국 기준 영업일 3~5일)
빠른 배송 필요 시 유리
(샘플 진행 시 많이 사용)

해상 운송
느림
(중국 기준 영업일 10일)
무거운 상품 유리
(벌크 오더 진행 시 많이 사용)

2. 해상 운송 과정

지금부터 설명드리는 해상 운송의 과정을 모두 기억할 필요는 없습니다. 하지만 머릿속에 그림 그리듯이 운송 과정을 그릴 수 있다면, 어디서 문제가 생겼는지 파악하기 좋습니다. 여기서는 상품이 벌크로 포장된 상태를 '화물'이라고 표현해서 설명하겠습니다. 인코텀즈는 FOB조건, LCL[2]로 화물 이송한 것을 바탕으로 설명을 진행합니다.

---

2 Less than Container Load의 줄임말로, 한 컨테이너에 나의 물건을 모두 채우지 못할 때 사용하는 선적 방법(자세한 내용은 170페이지 참고)

• 제조사에서 화물 픽업

　제조사에서 상품의 제작이 완료되고 패킹까지 마무리된 상태를 'Cargo ready' 되었다고 합니다. 생산이 완료된 제품을 한국으로 배송해야 하는데, 그 첫 번째 단계는 제조사 창고에서 가까운 중국 항구로 상품을 이동히는 것입니다. 항구의 혼잡도나 선적 스케줄에 따라 원하는 항구를 지정할 수도 있습니다. 이동할 때에는 픽업 트럭을 이용하는데, FOB 무역 조건이라면 여기서 발생하는 비용은 제조사에서 지불하게 됩니다.

• 중국 항구의 보세 창고에 보관, 컨테이너 선적

　컨테이너를 배에 싣기 전에, 항구에 도착한 화물은 임시로 보세 창고에 보관하면서 수출 준비를 합니다. 출항 스케줄 전에 모든 서류 준비를 끝내고 나면, 지정된 컨테이너에 화물을 실은 후, 스케줄에 맞춰 선박 기계를 이용해 컨테이너를 배에 싣습니다. FOB 조건에서는 이 과정까지 모두 제조사에서 비용을 지불합니다. 컨테이너를 선박에 싣는 순간부터 비용 및 위험 부담은 바이어인 수입자에게 있습니다.

참고로, 절대적인 상품 가격으로만 비교하면 EXW의 비용이 훨씬 저렴해 보일 수 있지만, EXW 조건으로 진행 시 제조사 창고에서부터 컨테이너 선적까지 발생하는 모든 비용을 바이어가 지불해야 합니다. 위험에 따른 책임도 모두 바이어가 져야 하므로, FOB 무역 조건으로 진행하는 것을 추천합니다.

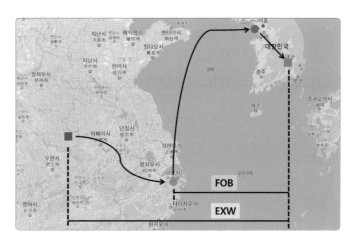

[EXW과 FOB의 커버하는 범위]

• 중국 항구 출항 및 한국 항구 입항 그리고 통관

선박에 실린 화물은 중국 항구에서 출항하여 한국 항구로 이동합니다. 한국의 대표적인 항구는 부산항과 인천항입니다. 도착 항구를 정할 때는 국제 운송 비용과 여러분의 물류 창고 위치를 고려하여 결정합니다. 중국 항구와 한국 항구 간의 거리에 따라서 국제 운송 비용에 차이가 나기 때문에, 어떤 항구를 이용하는 것이 유리한지 포워더에게 견적 요청을 해 보세요.

도착 항구에서는 컨테이너를 배에서 내리고, 컨테이너에서 화물을 꺼내 보세 창고에 임시 보관한 후, 보세 창고에서 수입 통관을 진행합니다. 수입을 위한 서류를 접수 및 제출하면 통관이 접수되고, 물품 검사에 문제가 없을 시에 통관이 완료됩니다. 통관이 완료되면, 화물을 반출할 수 있습니다.

- 한국 항구에서 바이어의 물류 창고까지

통관까지 마무리가 되었다면, 이제 한국 항구에서 바이어의 물류 창고까지 픽업 트럭을 이용해 이동합니다. 물류 창고에 입고된 이후부터는 실제로 제품을 만나볼 수 있게 됩니다.

모르면 제조사와 소통이 힘들어지는 해외 물류의 기초 지식

1. 해상 물류: FCL & LCL의 차이와 비용 구조

- FCL과 LCL의 개념

FCL은 Full Container Load의 줄임말로, 모든 컨테이너를 나의 물건으로 모두 채워서 배송하는 것을 말합니다. LCL은 Less than Container Load의 줄임말로, 나의 물건으로 한 컨테이너를 모두 채우지 못할 때 사용하는 선적 방법을 말합니다. 처음 해외 소싱을 진행하는 분이라면, 많은 수량을 발주하기 어렵기 때문에 보통 LCL로 진행하게 됩니다.

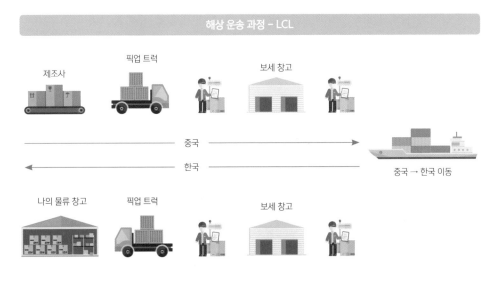

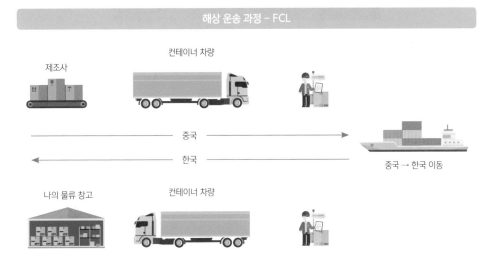

FCL은 컨테이너 차량이 중국 제조사 창고로 이동하면, 창고에서 바로 컨테이너에 물건을 싣는 과정을 가집니다. 중국 항구의 보세 창고에 도착해서도 컨테이너 자체로 보관하게 되고, 한국에 도착해서도 따로 물건을 분류하는 작업 없이 컨테이너로 보관합니다.

즉, 화물이 모두 컨테이너에 실려 있는 상태로 수출입 과정이 진행됩니다. FCL은 LCL에서 상하차하는 과정이 생략되므로, 상대적으로 부대 비용이 적게 들고 상품의 파손이 적은 것이 장점입니다.

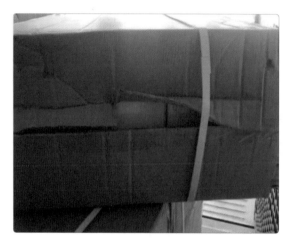

[LCL 진행 시, 파손 위험에 더욱 노출됨]

LCL은 다른 화물들과 스케줄을 맞춰야 하므로, 같은 선박 스케줄을 이용한다면 화물의 준비가 빨리 되어야 합니다. 만약 생산 및 기타 스케줄의 지연으로 일정이 바뀌게 되면 다시 선적 스케줄을 잡아야 하는데, 보통은 FCL보다 스케줄을 잡는 데 시간이 오래 걸립니다. FCL로 운영했을 때는 스케줄 관리에 있어서도 용이합니다.

운임을 책정할 때도 차이가 있습니다. LCL은 화물의 부피나 무게에 따라서 운임 가격이 달라지나, FCL은 한 컨테이너 기준으로 운임 가격을 책정합니다. FCL의 운임은 컨테이너의 종류와 크기에 따라서 달라집니다.

구분	LCL(Less than Container Load)	FCL(Full Container Load)
비용 책정 기준	화물의 부피, 무게	컨테이너 단위
수량에 따른 운송 방법	수량이 적을 때 사용	수량이 많을 때 사용
컨테이너 선적 장소	항구에서 콘솔 영역	제조사 창고
장점	적은 수량으로 사용하기 좋음	운송 시 발생하는 파손이 적음 스케줄 변경이 용이

2. 국제 물류 단위, CBM을 통해 물건 부피 측정하기

화물을 운송할 때의 비용은 부피와 무게로 책정됩니다. 부피는 가로, 세로, 높이를 기준으로 세제곱센티미터(cm^3), 세제곱미터(m^3) 등으로 표현할 수 있습니다. 하지만 나라마다 사용하는 단위가 다르기 때문에, 국제적으로 CBM이라는 단위로 통일하여 사용하고 있습니다. 1CBM은 가로 1m, 세로 1m, 높이 1m를 곱한 값을 말합니다.

높이

세로   가로

1m × 1m × 1m = 1CBM(m^3)

해상 운송을 예약할 때에도 CBM을 사용합니다. CBM의 계산은 일반적으로 포워더에서 진행하거나 제조 공장에서 처음부터 CBM을 계산해서 전달해 주기도 합니다. 한 제품을 예시로 CBM을 같이 계산해 봅시다. 7,000개의 제품을 구매했고, 제품 100개가 들어가는 박스(카톤)에 넣어 총 70박스가 되었습니다. 박스의 크기가 가로 60cm, 세로

38cm, 높이가 40.5cm라면, 박스 하나당 CBM은 0.6×0.38×0.405으로 0.0923CBM 입니다. 총 70박스이니, 이 오더 화물의 CBM은 6.4CBM이 됩니다. 너무 간단하죠?

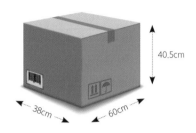

제품 수량	박스 수량	박스 사이즈(cm)	N.W (kg)	G.W (kg)	CBM
7,000	70	60 × 38 × 40.5	1,155	1,225	6.46

굳이 계산기로 직접 계산하지 않아도 구글이나 네이버에 'CBM 계산기'라고 검색해 보면 쉽게 계산할 수 있는 프로그램이 많습니다. 수량이 많아졌을 때 FCL이 가능한지 스스로 확인할 때나 다양한 운송 방법으로 견적을 요청할 때 가끔 사용할 수 있으니, 알아두면 쓰임새가 있을 것입니다.

보통 많이 사용하는 20ft 컨테이너는 33CBM인데, 박스의 사이즈나 팔렛트 사용 여부 등에 따라 달라지므로, 늘 33CBM을 실을 수 있는 것은 아닙니다. 저는 보통 20CBM 이상이면 FCL 견적을 같이 받아 봅니다. 그리고 제조사에 20ft 컨테이너에 선적할 수 있는 수량이 몇 개인지를 역으로 물어봐서 20ft 컨테이너에 선적 가능한 수량으로 발주하기도 합니다.

3. 컨테이너의 종류 및 크기, FCL로의 피킹포인트

• 컨테이너의 종류 및 크기

컨테이너의 종류는 화물의 종류와 크기, 그리고 온도 조절 여부에 따라서 선택할 수 있습니다. 보통은 드라이 컨테이너라고 하는 일반 컨테이너를 사용합니다. 특수 컨테이너를 사용하는 일은 거의 없기 때문에 다양한 종류가 있다는 정도만 인지하고 넘어가겠습니다.

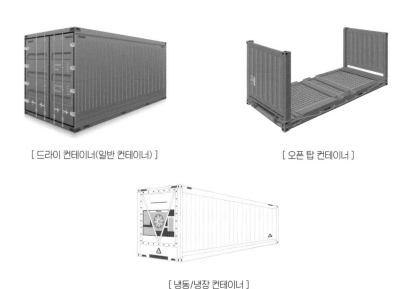

[드라이 컨테이너(일반 컨테이너)]   [오픈 탑 컨테이너]

[냉동/냉장 컨테이너]

컨테이너의 크기는 보통 20ft, 40ft, 40ft hc를 가장 많이 사용합니다. 45ft 드라이 컨테이너도 있지만, 특수 장비를 사용하여 가격이 비싸고, 선박 스케줄을 잡는 데에도 제약이 있습니다. 특별한 경우가 아니라면 20ft, 40ft 중에 사용하는 것이 일반적입니다.

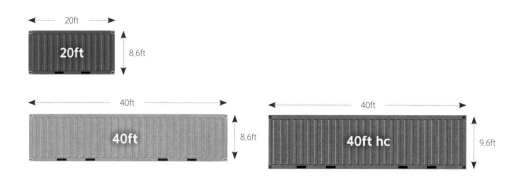

컨테이너 사이즈		20ft	40ft	40ft hc
내부 치수(mm)	길이	5,899	12,034	12,034
	폭	2,348	2,348	2,348
	높이	2,390	2,390	2,695
개구부 치수(mm)	폭	2,336	2,336	2,336
	높이	2,278	2,278	2,583
컨테이너 내장 규격(용적/CBM)		33.100	67.500	76.100
중량(KG)	자체 중량	2,290	3,890	4,150
	최대 적재량	21,710	26,590	32,500

컨테이너의 규격에 따라 실을 수 있는 화물의 부피와 무게도 다릅니다. 나의 화물의 부피가 한 컨테이너를 실을 정도의 수량과 부피가 된다면, LCL보다 상대적으로 저렴하고 안전한 FCL로 진행하는 것이 좋습니다.

• LCL에서 FCL로 전환 시점, 피킹포인트

그렇다면 언제 LCL에서 FCL로 바꿔서 진행해야 할까요? LCL은 운임 비용이 화물의 부피(CBM)에 비례해서 증가하고, FCL은 컨테이너 단위로 일정한 비용이 부과됩니다. FCL로 컨테이너를 꽉 채워 오는 것이 비용을 가장 절감할 수 있는 방법이지만, 컨테이너를 다 채우지 못하더라도 LCL보다 비용이 저렴해지는 수량이 있습니다. 어느 정도 수량이 많아졌을 때, 비용을 절감하는 차원에서 FCL을 고려해 보세요.

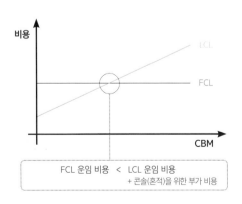

FCL 운임 비용 < LCL 운임 비용
+ 콘솔(혼적)을 위한 부가 비용

예를 들어, 화물의 부피가 25CBM이고 LCL 견적이 250만원, FCL 견적이 230만원이라면, 20ft 컨테이너의 CBM인 33CBM을 다 채우지 못했더라도 FCL로 진행하는 것이 유리합니다.

포워더의 역할과 물류 견적

1. 포워더의 역할

지금까지 해외 물류의 기본적인 내용에 대해 알아보았습니다. 앞서 포워더에게 견적을 문의하거나 포워더와 상의해 보라는 이야기를 많이 했습니다. 포워더는 운송 과정과 관련된 모든 부분을 대행해 주는 물류 대행사입니다. 해외 물류가 막막하게 느껴질 수 있겠지만, 포워더와 함께 일한다면 물류가 생각보다 어렵지 않다고 느낄 것입니다.

포워더(Forwarder)는 선박이나 항공기 없이 운송 업무를 대행하는 운송 대행 업체를 뜻합니다. 선박을 가지고 있는 선박 회사 및 항공기를 가지고 있는 항공 회사와 수출입 업무를 하는 무역 회사를 연결해 주는 것이 바로 포워더의 역할입니다. 쉽게 말해서, 여행사와 개념이 비슷합니다. 사람 대신 물건을 받아서 이송하고, 비행기 티켓을 예매해 주는 것과 같이 선박을 예약해 주는 역할을 합니다.

해외 소싱에서는 제조사 공장에서부터 한국에 있는 바이어의 창고까지 이동할 때 필요한 픽업 트럭, 비행기, 선박 등 모든 운송 수단을 예약해 주고, 물건이 잘 운송될 수 있도록 관리해 줍니다. 관세와 관련된 부분을 포함하여 통관까지 모두 대행해 주기 때문에 바이어가 신경 쓸 일이 현저히 줄어듭니다. 포워더 대행 비용은 보통 운임비에 수수료가 포함되어 있습니다. 운송비, 검사 비용, 관세사 대행비, 통관, 관세 등 모든 비용은 통관 시에 포워더에게 일괄적으로 결제하는 것이 일반적입니다.

꼭 포워더를 통해서 진행해야 하냐고 질문을 주는 분들이 많은데요, 물론 특송, 배송 대행지 등 다양한 운송 방법이 있습니다. 가지고 있는 리소스, 상황, 업무 수준을 모두 알 수 없기 때문에 무조건 포워더를 이용해야 한다고 이야기하기는 어렵지만, 처음 해외 소싱을 하는 분일수록 포워더와 함께 일하면서 전체적인 흐름을 익히는 것이 좋습니다.

2. 포워더 견적 문의

포워더는 다양한 방법으로 찾을 수 있습니다. 네이버에 포워더만 검색하더라도 다양한 업체들이 나옵니다. 전통적으로는 포워더 케이알(forwader.kr)에서 포워더를 찾을 수 있고, 최근에는 이 외에도 다양한 서비스가 많이 생겼습니다.

• 트레드링스(tradlinx.com)

트레드링스에서는 물류 정보를 입력하면 여러 업체를 비교하여 견적을 받을 수 있고, 기초적인 물류 정보도 잘 정리가 되어 있습니다. CBM 계산기, HS CODE를 쉽게 찾을 수 있는 조회 서비스, 관부가세 계산기 등 다양한 서비스를 제공하고 있습니다.

- **쉽다(ship-da.com)**

쉽다는 포워더 역할을 하는 서비스로, 수입자 관점에서 더욱 쉽게 설명이 되어 있습니다. 비교해서 견적을 내보고 상담을 받아 볼 것을 추천합니다.

트레드링스에서 물류 견적 내보기
(포워더 견적)

1단계: 트레드링스(tradlinx.com)에서 '물류비 견적' 클릭

2단계: 상품 정보 및 물류 정보 입력하기

① 구간 입력

- 구분: 중국에서 물건을 수입하기 때문에 '수입'에 체크합니다.
- 운송 모드: 해상 운송 / 항공 운송 중 비용이 저렴한 '해상 운송'에 체크합니다.
- 출발지: 출발지 항구는 보통 중국 제조사 공장과 가장 가까운 곳이거나 물류비, 항구 상황에 따라 결정됩니다. 제조사에 문의하면 답변을 받을 수 있으며, 견적을 낼 당시에 받을 수도 있습니다.
- 도착지: 받는 창고가 인천에서 가까우면 인천으로 지정하고, 아니면 부산으로 지정합니다.

② 인코텀즈: 처음에 협의한 인코텀즈를 입력합니다. 보통은 FOB로 계약을 많이 합니다.

③ 화물 정보: 박스 단위로 입고되기 때문에 관련 정보는 패킹 리스트(Packing List)를 받아서 입력합니다.

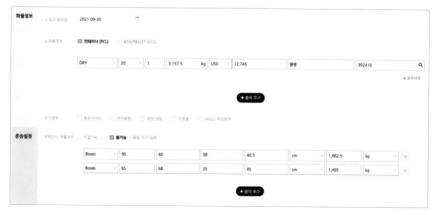

[FCL로 요청할 때]

[물량이 적어 LCL로 요청할 때]

3단계: 견적 내용 확인

견적 내용 확인 후 견적 요청을 하면, 포워더에게 견적을 받을 수 있습니다.

3. 포워더 선정 방법

포워더는 한 군데에서만 견적을 받아 진행하는 것보다, 몇 군데 업체를 만나 보면서 결정하도록 합니다. 결국엔 나의 물건을 믿고 맡기는 곳이기 때문에, 협업이 잘 되는 포워더를 찾는 것이 중요합니다. 많은 포워더 중에 어떤 업체를 선정하면 좋을지에 대한 질문을 많이 받아서, 제 경험을 토대로 함께 일하면 좋은 포워더를 정리해 보겠습니다.

• 특정 국가, 특정 나라 우위

수출을 전문으로 하는 포워더도 있고, 수입을 전문으로 하는 포워더도 있으며, 모든 국가와 거래하기보다는 보통 주거래 국가가 있는 것이 일반적입니다. 수입을 전문으로 하는 포워더 중에서 여러분이 제품을 수입할 국가에 대한 이해도가 높고 수입할 국가가 주거래 국가인 포워더와 함께 일하는 것이 좋습니다. 포워더는 주거래 국가에 보통 파트너사를 두고 있습니다. 따라서 한 군데만 견적을 받기보다는 여러 군데 요청을 해서 비교해 보는 것이 좋습니다. PI를 가지고 포워더에게 물류에 대한 견적을 문의해 보는 것이 가장 정확하며, PI가 없는 경우에는 출항지(중국의 항구)와 CBM으로 견적을 문의할 수 있습니다.

• 포워더의 규모 및 매출

일정 규모 이상의 매출 규모를 유지하는지 살펴보세요. 매출 규모가 클수록 많은 화물을 다루고 있다고 예상할 수 있으며, 선사 또는 항공사로부터 경쟁력 있는 가격을 받을 가능성이 큽니다. 선사로부터 경쟁력 있는 가격을 받을 수 있다면, 실제로 운임비를 할인 받는 효과가 있습니다. 하지만, 오히려 포워더의 규모가 너무 큰 경우에는 최소로 거래해야 하는 수량이 많아 해외 소싱을 처음 하는 분들이 진행하기에 적합하지 않을 수 있습니다.

• 비슷한 카테고리 경험

내가 주로 취급하는 제품을 다뤄 본 경험이 있는 포워더라면 더욱 협업하기 좋습니다. 여러분들이 수입하는 제품을 많이 수입해 본 포워더라면, 변수에 대비하거나 표기 사항 등과 관련된 전문 지식에 대해서 가이드를 받을 수도 있습니다. 또한, 포워더와 함께 일 하는 관세사로부터 관세에 대한 정보 및 전문성에 있어서 도움을 받을 수 있습니다. 예를 들어, 여러분이 전자 제품을 수입하려고 하는데 한 번도 전자 제품을 수입해 본 적이 없는 포워더라면, 발생할 수 있는 변수나 주의사항에 대해 가이드를 받기가 어려울 수 있습니다.

10장

7단계:
통관의 절차부터 절세하는 방법까지

수입할 때의 통관이란 수입 물품을 선박으로부터 하역하여, 통관 구역에 반입하고,
신고하고, 검사하고, 세금을 납부하고, 물품을 수령하는 것들을 말합니다.
통관의 전체적인 흐름에서 포워더와 바이어인 여러분들이 해야 할 일을 확인하고,
관세/부가세도 계산해 볼 수 있습니다.

통관이란?

1. 통관 절차 및 수입 신고

   수입 신고는 관세사, 자가 통관업체(화주)가 입항 5일 전(선박일 경우)부터 할 수 있습니다. 수입 신고를 할 때 통관에 필요한 서류를 함께 제출하며, 기본 제출 서류는 수입신고서, 인보이스(CI, Commercial Invoice), 패킹 리스트(PL, Packing List), 선하증권(B/L, Bill of Lading)입니다.

   해외 소싱을 할 때에는 보통 포워더와 함께 일하는 관세사가 수입 신고를 합니다. 바이어인 여러분은 수입 신고에 필요한 서류를 통관 전 미리 포워더에게 전달하여 서류상 틀린 게 없는지 확인하면 통관이 지연되는 것을 막을 수 있습니다.

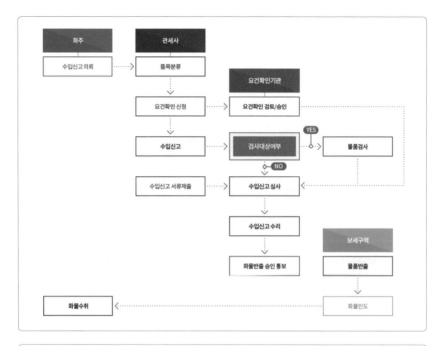

수입통관 흐름도

물품반입 (장치장)	• 외국으로부터 물품도착후 보세구역에 물품을 장치합니다
요건구비 (수입화주)	• 수입화주는 요건확인·세율추천·감면추천서를 수입신고하기 전에 구비하여야 합니다 • 전산망 연계기관의 경우에는 요건확인·세율추천·감면추천서를전자문서로 신청 및 제출이 가능합니다
수입신고 (신고인)	• 신고인은 수입신고서를 작성하여 통관시스템에 전송합니다 • 통관시스템은 검사대상 및 서류제출대상을 선별 후 신고인에게 접수통보를 합니다
신고서처리 (세관)	• 검사건은 현품확인 후 서류에 의해 통관심사를 합니다 • 서류제출건은 서류에 의해 통관심사를 합니다 • P/L(Paperless)건은 화면에 의해 통관심사를 합니다 • 심사결과 이상없는 건은 결재등록합니다
담보제공 or 사전납부	• 수입화주는 물품을 인도받기 위해 세관에 납세담보를 제공하거나 세금을 사전에 납부하여야 합니다.
신고수리	• 세금이 수납되었거나(사전납부) 담보가 설정된 경우(사후납부)에는 통관시스템에서 자동으로 신고수리가 됩니다.
물품반출	• 수입화주는 보세구역(장치장소) 운영인에게 물품반출 요청하여 보세구역에서 물품을 반출합니다.
사후납부 (수입화주)	• 수입화주는 신고수리 후 15일 이내에 세금을 납부하여야 합니다

[통관 순서]

수입 신고서는 포워더가 대행해서 작성해 주며, 인보이스(CI)와 패킹 리스트(PL)는 제조사에 요청하면 받을 수 있습니다. 선하 증권(B/L)은 포워더에서 발행하기 때문에 따로 전달할 필요는 없습니다.

수입신고 시 제출서류

1 기본제출서류 : 수입신고서(전산시스템으로 전송)

2 요구제출서류 : INVOICE, PACKING LIST, B/L, C/O, 검사(검역증) 등
  * 요구제출서류는 세관에서 확인이 필요한 경우 제출하도록 요구

제조사 이름

제조사 주소 및 정보

COMMERCIAL INVOICE

바이어 정보

INV NO.:TH1713308

INV Date: Jan. 19th, 2018

Delivery Term: FOB NINGBO

ITEM	DESCRIPTIONS	QUANTITY	PRICE	ACCOUNT
		UNIT	USD	USD
	Plastic water bottle A5 white 4000pcs A5 black 2500pcs HS code: 3924100000	6500	0.85	5,525
	Plastic water bottle A6 white 7000pcs A6 black 2500pcs HS code: 3924100000	9500	0.76	7,220
Total		16000		12,745

[인보이스, 송장, CI(Commercial Invoice)]

제조사 이름

제조사 주소 및 정보

PACKING lIST

바이어 정보

ITEM	QUANTITY	QUANTITY	CTN SIZE	N.W.	G.W.	CBM
	UNIT	CARTON	CM	KG	KG	
A6 bottle-black	2500	25	60*38*40.5	412.5	437.5	2.09
A6 bottle-white	7000	70	60*38*40.5	1155.0	1225.0	6.46
A5 bottle-black	2500	25	68*35*45	550.0	575.0	2.68
A5 bottle-white	4000	40	68*35*45	880.0	920.0	4.28
Total	16000	160		2997.5	3157.5	15.51

[패킹리스트, PL(Packing List)]

Shipper		B/L NO. MJLSHA1801184

제조사 이름, 주소, 전화번호

Bill of Lading

Consignee

바이어 이름, 주소, 전화번호

Notify Party
SAME AS CONSIGNEE

Pre-carriage by	Place of receipt
	NINGBO, CHINA
Ocean Vessel	Port of Loading
SUNNY DAISY/1803N	NINGBO, CHINA
Port of discharge:	Place of delivery	Final Destination
INCHEON,KOREA	INCHEON,KOREA	

Marks & Numbers	No. of Pkgs or unit	Description of Packages and Goods	Gross Weight	Measurement
20GPX1	160 CARTONS	"SHIPPER'S LOAD & COUNT" SAID TO CONTAIN :	3,157.500KGS	15.510CBM
		PLASTIC WATER BOTTLE		

A5 WHITE 100
A5 BLACK 100
A6 WHITE 100
A6 BLACK 100

// CONTAINER NO //
DFSU2903236/CB668230(20GP)

LADEN ON BOARD
JAN.24.2018

SURRENDERED

COPY NON-NEGOTIABLE

"FREIGHT COLLECT"

CY/CY

Total No. of Containers or Packages (in words)	SAY : ONE (20GPX1) CONTAINER ONLY				
Freight & Charges FREIGHT COLLECT AS ARRANGED	Revenue Tons	Rate Per		Prepaid	Collect

Freight Prepaid at	Number Of Original B(s)/L	Place of issue & date
DESTINATION	ZERO(0)	SHANGHAI, CHINA JAN.24.2018

FOR DELIVERY OF GOODS,PLEASE APPLY TO:

For and on behalf of
MJ LOGISTICS (SHANGHAI) LIMITED

As Carrier   Authorized Signature (s)

[선하증권, B/L(Bill of Lading)]

2. 수입 물품 검사

수입 물품 검사는 수입 신고 내용 중 품명, 수량, 원산지 표기, 상표권 위반 등에 대해 정확성을 확인하는 목적이 있습니다. 검사 비용은 바이어인 화주가 부담하며, 전량 검사, 발췌 검사, 분석 검사, 과학 장비에 의한 검사로 분류됩니다. 검사는 기본적으로 수입 신고서에 작성된 제품과 동일한 제품인지, 원산지 표기는 잘 되었는지, 수입 금지 물품이 섞여 있지는 않은지, 위험 물질은 없는지 확인하는 과정입니다.

• 품명 및 수량

수입 시 필수 제출 서류인 인보이스(CI), 패킹리스트(PL), 선하 증권(B/L)과 실제 물품의 수량, 인보이스 번호, 금액 등이 일치하는지 확인합니다. 만약 누락되거나 기재 사항이 미비된 경우라면 보완 요청을 받을 수 있으며, 통관이 보류될 수 있습니다.

• 원산지 표시

수입되는 모든 상품에는 원산지 표기를 해야 합니다. 원산지를 표시하는 방법은 7장을 참고하면 됩니다. 만약 제품에 올바르게 원산지 표기가 되어 있지 않다면 통관이 보류되고, 보수 작업 요청을 받습니다. 상품에 따라 다르겠지만, 보수 작업은 보세 창고에서 원산지(중국일 경우 "MADE IN CHINA") 스티커를 모든 상품에 부착하는 것을 말합니다. 전 제품 모두 HS CODE(품목 분류 코드)에 맞게 소포장 단위 혹은 제품에 원산지 스티커를 부착해야 합니다. 박스 패키지 안쪽에 부착해야 하는 경우에는 패키지를 여닫으면서 상품성이 떨어질 수 있습니다. 상품 개발 시에 미리 표기 방법에 맞게 원산지를 표기하여 수입하면 비용을 줄일 수 있습니다.

• 제품별 필수 표기 사항

관세법에 따른 의무 사항을 위반하거나, 국민 보건 등을 해칠 우려가 있다면 통관되지 않습니다. 제품에 따라 안전성 검사가 필요할 수 있으며, 규정에 맞는 표기가 되어 있어야 합니다.

안전 인증 검사가 필요한 제품은 KC 마크 및 정보가 표기되어 있어야 하며, 식품의약처의 인증이 필요한 경우에는 "위생법에 의한 한글 표시 사항"이 제품에 부착되어 있어야 합니다. 미표기 시에는 통관이 진행될 수 없습니다.

관세와 부가가치세 계산 및 관세의 종류

1. 관세의 정의와 관세 계산 방법

수입 신고가 마무리되면 세금을 납부하고 물품을 반출할 수 있습니다. 관세는 우리나라에 반입하거나 우리나라에서 소비 또는 사용하는 외국 물품에 대해서 부과/징수하는 조세입니다. 관세는 국내 산업을 보호하는 목적으로 부과되는데, 협약된 나라에 따라 관세율이 다릅니다. 특정 제품은 관세가 너무 높아 원가보다 더 높은 관세를 내야 할 수 있으며, 원가가 높아져서 판매가 어려워질 수도 있으니 미리 계산해 봐야 합니다.

수입 시에는 관세와 내국세를 같이 납부해야 합니다. 내국세는 특별소비세, 주세, 부가가치세, 교육세가 있지만, 해외 소싱을 할 때는 '관세'와 '부가가치세'를 납부합니다.

관세는 과세 가격에 관세율을 곱한 금액으로 정해집니다. 과세 가격은 거래 가격에 과세 환율을 곱하여 계산합니다. 해외 소싱에서 과세 가격은 인보이스에 기재된 총 금액으로 계산됩니다.

관세 = 과세 가격(거래 가격) × 관세율

2. 관세의 종류

관세의 종류에는 국정 관세인 기본 관세와, 외국과의 조약이나 행정 협정에 따라 결정되는 협정 관세가 있습니다.

구분	결정 주체		대상 관세율
국정 관세	국회	관세법	기본세율, 잠정세율
	행정부	대통령령	편익관세, 조정관세, 할당 관세, 일반 특혜관세, 보복관세
		기획재정부령	덤핑방지관세, 긴급관세, 특정국물품 긴급관세, 농림축산물에 대한 특별 긴급관세, 상계관세, 계절관세
협정 관세	다자협력		WTO 양허관세, GSTP, TNDC, APTA
	양자협력		FTA 협정 관세, 특정국과의 협정에 의한 양허관세

* GSTP: UNCTAD 개발도상국간 양허관세 / TNDC: WTO 개도국간 양허관세 / APTA: 아시아~태평양 무역협정에 의한 양허관세

• **기본세율**

기본세율은 아세안(ASEAN) 각국에서 수입되는 모든 물품에 기본적으로 적용하는 세율로, WTO 회원국 및 최혜국 대우 지위를 취득한 모든 국가에 차등 없이 공통으로 부과되는 세율입니다. 해외 소싱에서 가장 많이 사용하는 상품 관세율은 8% 정도이며, 제품에 따라서 더 높거나 낮은 세율도 있습니다.

• **WTO(세계무역기구) 협정세율**

WTO(세계무역기구) 협정으로 많은 국가가 회원국으로 등록되어 있습니다. WTO 협정세율은 수출국이 WTO 회원국이면 수입국에서 적용받을 수 있는 세율입니다. 이 협정세율은 원산지 증명서 없이 적용받을 수 있습니다.

• **FTA(자유무역협정) 세율**

FTA(자유무역협정)는 협정을 체결한 국가 간의 상품/서비스 교역에 대한 관세 및 무역 장벽을 철폐함으로써 배타적인 무역 특혜를 서로 부여하는 협정입니다. 기본관세,

WTO 협정세율보다 무관세 혜택을 받을 수 있는 것은 수출 상대인 한국과 FTA 협정을 맺은 협약국으로, 원산지 증명서(CO, Certificate of Origin)를 제출하면 관세 특혜를 받을 수 있습니다. 해외 소싱에서 가장 많이 이용하는 중국은 FTA 협정을 맺은 제품이 많아 무관세 혜택을 많이 볼 수 있습니다. 품목마다 적용되는 관세율이 다른데, HS CODE를 관세청에서 검색하면 적용 관세율을 알 수 있습니다.

예를 들어, 집에서 사용하는 러그를 중국에서 수입하고 주문 금액은 $3,000라고 가정해 봅시다. 러그의 HS CODE는 6301.30이며, 기본세율은 10%, WTO 협정 세율은 30%, FTA 한-중국 협정 세율은 3%입니다. 일반적으로 부여되는 러그의 세율은 10%이지만 FTA 한-중국 협정 세율은 3%밖에 되지 않습니다.

국가		한국		해당년도	2021년	
품목번호		6301.30-0000		단위(중량/수량)	KG / U	단위표기
품명	국문	면으로 만든 모포(전기모포는 제외한다)와 여행용 러그(rug)				
	영문	Blankets (other than electric blankets) and travelling rugs, of cotton				
간이정액환급						
원산지 ⬚		원산지표시대상 (Y) [적정표시방법]				

세율

세율적용 우선순위

구분기호	2021년	관세구분 ⬚
A	10%	기본세율
C	30%	WTO협정세율
E2	0%	아시아 · 태평양 협정세율(방글라데시)
E3	0%	아시아 · 태평양 협정세율(라오스)
R	0%	최빈국특혜관세
U	0%	북한산
FAS1	0% / 0%	한 · 아세안 FTA협정세율(선택1)
FAU1	0%	한 · 호주 FTA협정세율(선택1)

FCA1	0%	한 · 캐나다 FTA협정세율(선택1)	
FCECR1	0%	한 · 중미 FTA협정세율_코스타리카(선택1)	
FCEHN1	0%	한 · 중미 FTA협정세율_온두라스(선택1)	
FCENI1	0%	한 · 중미 FTA협정세율_니카라과(선택1)	
FCEPA1	0%	한 · 중미 FTA협정세율_파나마(선택1)	
FCESV1	0%	한 · 중미 FTA협정세율_엘사바도르(선택1)	
FCL1	0%	한 · 칠레FTA협정세율(선택1)	
FCN1	3%	한 · 중국 FTA협정세율(선택1)	→ 적용

각각의 세율로 관세를 계산해 보면 다음과 같습니다.

기본세율: $3,000 × 10% = $300

WTO 협정 세율: $3,000 × 30% = $900

FTA 한–중국 협정 세율: $3,000 × 3% = $90

환율이 1,200원이라고 했을 때, 기본세율로 계산한 관세는 360,000원, FTA 한–중국 협정 세율로 계산한 관세는 108,000원으로 252,000원의 차이가 납니다. FTA 한–중국 협정 세율로 혜택을 받는 것이 절세를 할 수 있는 길입니다. 발주하는 금액이 커지면 커질수록 절세는 더욱 중요해지니 꼭 알아 두세요.

3. 부가가치세 계산

통관 시에 관세와 부가가치세를 모두 납부하여야 물건을 반출할 수 있습니다. 부가가치세는 아래와 같은 방법으로 계산됩니다.

부가가치세 = (물품 구입비 + 관세) × 부가가치세율(10%)

정확하게는 물품 구매·비용에서 항공/해상 운임 비용까지 포함된 금액에 관세를 더한 금액을 기준으로 고정부가가치세율인 10%를 부과합니다. 물품 구입비와 부가가치세율은 고정되어 있지만, 관세는 어떤 관세율을 적용할 것이냐에 따라 달라질 수 있습니다. 관세가 줄어들면 부가가치세도 같이 줄어들기 때문에, 관세를 적극적으로 줄이는 것이 좋습니다.

부가가치세 = ($3,000+$90)×10% = $309

절세하는 방법, 원산지 증명서

1. 원산지 증명서(CO)

관세청에 제시된 모든 관세를 보면 복잡하게 느껴졌을 겁니다. 이 모든 세율을 다 알아야 하는 건 아닙니다. 해외 소싱에서는 기본세율, WTO 세율, FTA 세율과 같이 몇 가지 관세를 주로 사용합니다. 일반적으로 WTO 세율보다 FTA 세율이 더 낮은 편이나, WTO가 더 낮은 세율인 경우에는 통관 시 WTO 세율을 적용할 것을 요청하면 됩니다. 관세사나 포워더가 알아서 적용해 주는 경우도 있으나, 그렇지 않은 경우에는 바이어가 직접 요청해야 합니다.

FTA 세율로 적용하여 혜택을 받기 위해서는 협정 국가에서 수입했다는 것을 증빙해야 하는데, 이를 증빙하는 서류가 '원산지 증명서(CO)'입니다. FTA는 원산지 증명서를 꼭 제출해야 하지만 WTO 세율은 원산지 증명서 없이도 적용 가능합니다.

구분	기본세율	WTO 세율	FTA 세율
원산지 증명서 필요 여부	X	X	O
우선적용	3	2	1

* 품목별로 WTO 세율이 더 낮은 경우에는 WTO 세율을 선택하여 적용 가능

2. 원산지 증명서 발급 및 제출 시기

• 원산지 증명서 발급 주체 및 발급 시기

FTA 한-중국 협정세율을 적용한 경우 'FTA 한-중국 협정 원산지 증명서'를 발급 요청해야 합니다. 증명서는 종류가 많기 때문에 다른 종류로 발급받았을 때는 적용받을 수 없습니다. 원산지 증명서는 중국 제조사에서 발급할 수 있습니다. 선적 후 발행 가능하며, 영업일 기준으로 2~3일 정도 소요되는 것이 일반적입니다. 통관 전에 원산지 증명서(스캔본도 가능)를 받아야 하므로, 선적되자마자 발급될 수 있도록 요청하는 것이 좋습니다. 원산지 증명서 작성 초안을 보내 달라고 한 후 내용을 꼼꼼히 체크하고 틀린 게 없는지 확인하는 것이 좋습니다. 만약, 표기가 잘못 되었다면, 재발급을 받는 기간 동안 통관이 지연될 수 있습니다. 혹시나 원산지 증명서를 발급받는 것을 깜빡했다고 하더라도 관세 사후 환급이 가능하니, 참고하세요.

• 원산지 증명서 발급 금액 및 수령 방법

원산지 증명서 발급 비용은 $30~50로, 제조사마다 요구하는 금액이 다릅니다. 최대 $50까지 비용이 발생하는데, 그럼에도 관세 혜택이 훨씬 높으니 꼭 발급받는 것이 좋습니다. 간혹 발주량이 많고 어느 정도 신뢰가 쌓인 업체라면, 원산지 증명서 발급 비용을 청구하지 않는 경우도 있습니다.

원산지 증명서 발급 시 확인해야 할 사항
· 서류 제출 시기: 수입 신고 시
· 발급 주체: 중국 제조사
· 발급 종류: FTA 한-중국 협정 원산지 증명서
· 발급 시기: 선적 직후
· 발급 비용: $30~50
· 발급 소요 기간: 영업일 2~3일
· 수령 방법: 스캔본으로 수령

ORIGINAL

1. Exporter's name and address, country:	Certificate No.: K183312014970016
	CERTIFICATE OF ORIGIN Form for China-Korea FTA
2. Producer's name and address, country: AVAILABLE UPON REQUEST	
3. Consignee's name and address, country:	Issued in ___The People's Republic of China___ (see Overleaf Instruction)

4. Means of transport and route (as far as known):	5. Remarks:
Departure Date: JAN. 24,2018	
Vessel/Flight/Train/Vehicle No.: SUNNY DAISY/1803N	********************
Port of loading: NINGBO, CHINA	
Port of discharge: INCHEON, KOREA	Verification:www.chinaorigin.gov.cn

6. Item number (Max 20)	7. Marks and Numbers on packages	8. Number and kind of packages; description of goods	9. HS code (Six-digit code)	10. Origin criterion	11. Gross weight, quantity (Quantity Unit) or other measures (liters, m³, etc.)	12. Number and date of invoice
1	A5 WHITE 100; A5 BLACK 100; A6 WHITE 100; A6 BLACK 100	ONE HUNDRED AND SIXTY (160) CARTON OF PLASTIC WATER BOTTLE *** *** *** *** ***	3924.10	"WO"	16000PC 3157.5KG	TH1713308 JAN. 19,2018

13. Declaration by the exporter:	14. Certification:
The undersigned hereby declares that the above details and statement are correct, that all the goods were produced in ___CHINA___ YIWU ZHENGYAO IMPORT (Country)ORT CO., LTD and that they comply with the origin requirements specified in the FTA for the goods exported to ___KOREA___ (Importing country) 0000066786825 Zhejiang, China, JAN. 25,2018 Place and date, signature of authorized signatory	On the basis of control carried out, it is hereby certified that the information herein is correct and that the goods described comply with the origin requirements specified in the China-Korea FTA. Zhejiang, China, JAN. 25,2018 Place and date, signature and stamp of authorized body

AQSIQ 170441265

[원산지 증명서(CO) 예시]

PART 3

해외 소싱에
꼭 필요한 투자금
및 일정 계산

PART 2까지 잘 따라왔다면, 상품 기획을 통해서 상품을 제작하고
상품을 국내로 수입하는 것까지 이해하였을 것입니다.
PART 3에서는 해외 소싱하는 데 필요한 투자금을 계산하는 방법과
일정을 잡는 방법을 소개합니다.

11장

리드 타임, 견적 문의부터 입고까지 기간 계산

실무에서 리드 타임이란
상품을 기획하는 순간부터 실제로 상품을 판매하기 전까지의 모든 과정을 이야기합니다.
크게 상품 기획, 샘플링, 생산, 해외 물류로 나눠서 기간을 계산해 봅시다.

리드 타임의 중요성

1. 리드 타임 계산하기

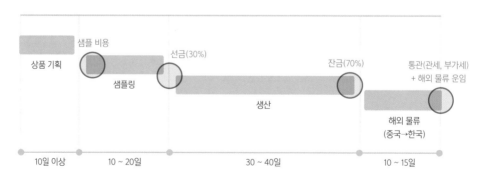

• 상품 기획

상품 기획은 이미 상품을 선정한 경우도 있고, 선정하지 않은 경우도 있어서 최소 기간인 10일로 계산합니다. 사람에 따라 상품 기획만 2~3개월이 걸릴 수도 있습니다. 어떤 상품을 소싱해야 할지 모르겠다면, 이번 주에 구매한 상품의 시장조사부터 해 보세요. 샘플링과 생산 과정에서 수정이나 보완을 할 수 있지만, 상품 기획에서 판매하고자 하는 목적과 대상을 명확하게 해 두지 않으면, 중간에 제품을 개발하면서 방향을 잃을 수도 있습니다. 샘플링을 하면서 보완되거나 변경되는 부분들도 있기 때문에, 상품 기획에만 너무 오랜 시간을 쓰지 않는 것이 좋습니다. 개인의 상황에 따라 기간을 정해 두고 '이 기간 안에는 최대한 완성한다'는 생각으로 접근하도록 합니다.

• 샘플링

상품 문의까지는 비용이 들지 않지만, 샘플링 단계부터는 비용이 발생합니다. 샘플을 구매하는 시기에 따라 다르지만, 해외 배송 기간을 고려하여 최소 10~15일 정도로 잡는 것이 적당합니다. 컬러를 변경하거나 상품의 형태를 변경한다면, 1~3개월 정도 소요될 수도 있습니다. 이 기간은 상품에 따라 천차만별 달라지는 부분이라, 제품의 종류, 개발 난이도에 따라 결정됩니다.

• 생산 및 발주

생산 기간은 제품마다 다르고 공휴일 또는 설비에 따라 달라지기도 하며 발주가 몰리는 때에는 기간이 더 늘어나기도 하지만, 보통 30~40일 정도 소요됩니다. 생산은 선금이 입금된 시점부터 시작되기 때문에, 선금을 넣은 날짜부터 기간 계산을 합니다.

다음 표와 같이, 발주 후 발주일과 생산 완료일까지 기재하고 나면, 생산이 완료되는 날짜를 업체에 확인하는 게 중요합니다. 생산 기간에는 공휴일을 포함하지 않는다며 생산 완료일을 미루기도 하므로, 최종적으로 정확한 날짜를 정해 소통하는 것이 좋습니다.

예상 출시일	
상품 기획 및 견적 요청(10일 이상) + 샘플링(10~20일) + 상품 생산(30~40일) + 해외 물류(10일) + 통관 및 국내 물류(3일)	
발주일	2022-01-20
생산 완료일	2022-02-28
예상 입고일	2022-03-15
예상 출시일	2022-03-25

• 해외 물류 및 통관 준비

선금 입금 후 생산이 시작되면, 포워더에게 제조사 주소, 담당자 연락처, 그리고 물류량을 확인할 수 있는 패킹 리스트(PL, Packing List)을 전달하면서 오더가 시작됐음을 알립니다. 생산이 완료되기 5~10일 전에는 포워더에게 생산이 완료될 것 같으니 미리 스케줄을 확인해 달라고 요청합니다.

통관 서류도 생산 완료 5~10일 전부터 준비하면 되는데, 필수 서류인 인보이스(CI, Commercial Invoice)를 제조사로부터 미리 받아 둡니다. 선박 예약은 생산 완료 이전에도 할 수 있으며, 생산이 끝난 후 잔금까지 송금이 완료되면 상품이 항구로 이동합니다. 통관 필수 서류인 CI, PL, B/L, CO를 포워더에게 전달하면 통관이 진행됩니다. 수입 신고 시 포워더로부터 모든 물류 비용, 운임비, 관세, 부가가치세가 포함된 정산서를 받게 되고, 이체하면 통관 및 수입 신고가 완료됩니다.

중국에서 생산 완료 후 한국에 수입되고 통관이 마무리되는 모든 기간을 최소 10일에서 최대 20일 정도로 계산합니다. 기상 악화, 항구 혼잡, 통관 지연 등 다양한 이슈가 발생하는 구간이라 기간이 늘어날 수 있어서, 지속적으로 포워더에게 확인하는 것을 추천합니다. 통제할 수 없는 부분은 어쩔 수 없지만, 미리 확인할 수 있는 부분은 사전에 챙겨서 지연되지 않도록 준비합니다.

이렇게 개별 과정을 최소 일정만으로 계산해도 전체 2~3개월 정도가 소요됩니다. 절대적인 기준은 아니고 대략적인 기간을 알려 주기 위해서 제작한 가이드이므로, 개인적인 상황을 고려하여 기간을 정하도록 합니다.

2. 리드 타임이 중요한 상품 종류

제품마다 리드 타임이 다르지만, 상품의 판매 시점이 중요한 시즌 제품들은 리드 타임을 면밀히 챙겨야 합니다. 판매 기간이 짧기 때문에, 피크 시즌에 판매를 잘하기 위해서는 최소 한 달 전부터 판매를 시작하면서 고객의 반응을 살피고, 배송에 문제가 없는지 미리 확인해야 합니다. 고객들의 후기는 다른 고객들의 구매 전환에 많은 영향을 미칩니다. 초반에 후기를 잘 쌓아 두면 피크 시즌에 고객 구매에 있어서 긍정적인 역할을 할 수 있습니다. 특정 기간에 판매를 해야 하는 시즌성이 있는 제품이라면 한달 전부터 판매를 시작하여, 긍정 후기들이 잘 쌓일 수 있도록 하는 것이 좋습니다.

• 계절성이 있는 상품

침구류, 의류와 같은 패브릭류는 계절의 영향을 많이 받는 카테고리 중 하나입니다. 계절 가전인 선풍기, 제습기, 히터도 마찬가지로 영향을 많이 받습니다.

대체로 겨울 상품의 판매 기간이 여름 상품의 판매 기간보다 약 1.5개월 더 깁니다. 여름 판매 시기는 6월 말~8월 중순으로, 8월 초부터는 여름 상품의 판매가 줄어듭니다. 그래서 8월에는 할인 및 프로모션 진행으로 빠르게 재고를 정리하는 전략을 세웁니다. 이 기간에는 높은 마진을 보고 판매하기 어렵고 만약 그 시기를 놓친다면 1년 내내 창고에 보관해야 하는 상황이 생길 수 있습니다. 실제로는 5월 말부터 7월까지 판매한다고 생각하고 소싱 계획을 세워 보세요.

계절 상품 중에서도 침구류, 의류가 가장 먼저 반응을 하는데, 겨울 상품은 쌀쌀해지기 시작하는 9월 말부터 구매가 일어납니다. 겨울 상품은 9월부터 1월까지 판매가 가능하고, 12월부터는 할인 및 프로모션을 진행하는 것이 좋습니다. 방한 제품 중 히터나 손난로 같은 제품은 11월 말부터 판매가 높아지며 늦게는 2월까지 판매가 가능하므로, 판매 시기가 일반 겨울 상품보다 조금 늦습니다.

　제품을 소싱할 때는 이러한 계절적 특성을 고려하여야 합니다. 트렌드에 민감하거나 새로운 기능을 추가한 제품이라면 그다음 해에 제값에 판매하는 게 어려울 수 있습니다. 그래서 그해에 떨이 상품이 생기는 것입니다.

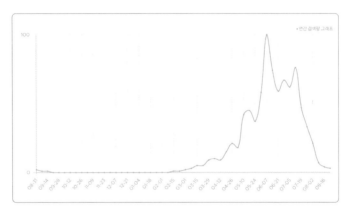

['여름 이불' 키워드 검색: 더워지기 시작하는 5월부터 키워드 상승 후 7월부터는 급격히 떨어짐]

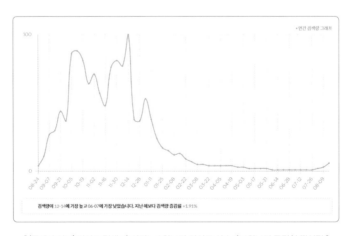

['극세사 이불' 키워드 검색: 추워지는 9월부터 키워드 상승 후 1월부터 급격히 떨어짐]

• 이벤트를 위한 상품

크리스마스, 할로윈데이, 어버이날, 어린이날과 같이 특별한 날을 위해 만들어진 제품 역시 리드 타임을 면밀히 살펴야 합니다. 이러한 이벤트 상품은 이벤트 당일 기준으로 20일 전부터 판매를 시작해서 당일이 지나면 구매 속도가 급격히 떨어지기 때문에, 재고 관리에 리드 타임까지 함께 신경 써야 합니다. 이벤트를 겨냥한 제품들은 소비성 제품이 많아 다른 제품에 비해서 소비자 지갑이 쉽게 열리고, 제품 품질에 대한 불만이 적은 편 입니다. 특히나 고객에게는 배송이 매우 중요하기 때문에, 이벤트 당일 2일 전부터 배송 문의가 많이 들어옵니다. 해외 소싱을 할 때 입고일과 재고 관리가 특별히 요구되는 제품으로, 처음 해외 소싱을 하는 분들이라면 판매 시작까지는 쉬워도 판매 이후 운영 관리 부분에서 유연성과 민첩함이 필요합니다.

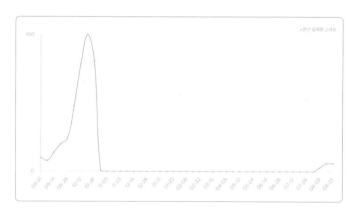

['할로윈데이' 키워드 검색: 이벤트가 있는 10월만 키워드 상승, 다른 달에는 검색량이 없음]

• 시즌이 있는 상품

운동기구, 다이어리와 같이 특정 시즌에 잘 팔리는 제품들이 있습니다. 다이어리는 연 말에서 연초에 가장 많이 판매되고, 운동기구는 연말, 연초 그리고 여름 시즌에 판매가 많이 됩니다. 이러한 상품들은 판매할 수 있는 기간이 정해져 있으므로 재고 관리에 신 경을 많이 써야 합니다.

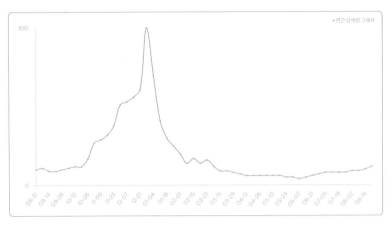

['다이어리' 키워드 검색: 11월부터 상승하기 시작해서 1월 이후로는 급격히 떨어짐]

상품별로 판매되는 시기, 소비자의 수요가 올라가는 시기에 따라 리드 타임은 중요합니다. 생산 기간, 물류 기간뿐만 아니라 상세 페이지 제작, 택배 배송 준비, 고객 응대 매뉴얼 제작 등 전체적인 계획을 세워 진행하는 것이 리스크를 줄일 수 있는 방법입니다.

직접 디자인해서 제작한 제품이라면, 와디즈, 텀블벅, 카카오 메이커스와 같은 크라우드펀딩 사이트에서 사전 판매를 진행해서 수요를 미리 알아보는 방법도 있습니다. 판매경험이 많이 없어 입고 일정이나 수량을 잘 맞추지 못하는 경우에는 큰 리스크로 돌아올 수 있으니, 가지고 있는 리소스 및 자금을 고려해서 계획을 세우도록 합니다.

각 시기마다 체크해야 할 리스트

	해외 소싱 단계		체크리스트
1	상품 기획	어떤 상품을, 몇 개의 수량으로, 누구에게, 어떤 문제를 해결하기 위해, 어디서 판매할지 기획하는 단계	· 고객들의 어떤 문제를 해결하고 싶은지가 명확한가? · 문제에 공감하는 고객 중 나의 제품을 구매할 고객이 1,000명 이상인가? · 고객들이 다른 제품이 아닌 나의 제품을 사야 하는 3가지 이유를 설명할 수 있는가? · 해외 소싱에 들어가는 예산이 적절한가? · (선택) 시즌성/계절성/이벤트성이 있는 제품인가? 있다면 리드 타임을 계산해 보세요 · (선택) 인증이 필요한 제품인가? 필요하다면 비용 및 기간을 알아보세요.
2	샘플링	벌크 오더(본 오더)를 하기 전에 상품의 품질을 확인하는 과정	· 상품이 원하는 스펙으로 제작되었는가? · 벌크 오더 진행 시 발생할 수 있는 불량의 종류를 체크했는가? · 벌크 오더에서 불량이 발생했을 때의 보상 방법을 협의했는가? · 상품의 포장 상태, 제품의 파손 및 오염에 문제가 없는가?
3	상품 개발	상품의 완성도를 높이고 배송에 문제가 없도록 준비하는 단계	· HS CODE(품목 분류 코드)에 맞게 원산지 표기를 잘했는가? · 개별 포장 단위에 바코드가 잘 부착되었는가? · (선택) 상품성을 위해 로고, 패키지, 디자인 변경 등을 진행했는가?
4	발주	계약 조건을 확인하고 대금 결제를 함	· 알리바바 내에 있는 결제 시스템으로 진행했는가? · 제품의 수량, 금액, 선금/잔금 조건, 배송 조건, 배송일, 배송 방법을 확인했는가?
5	해외 물류	제조사로부터 한국 창고까지의 배송	· (생산 완료일로부터 최소 10일 전) 포워더를 섭외했는가? · 포워더에게 CI, PL을 전달하고 선적 스케줄 및 견적을 받았는가?
6	통관	관세 및 부가세를 납부하고, 상품의 안정성을 마지막으로 확인하는 절차	· 필수 통관 서류를 준비했는가? – CI(인보이스, 송장), PL(패킹 리스트), B/L(선하증권), CO(FTA 협정 세율 적용 시) · HS CODE(품목 분류 코드)로 기본세율, FTA 세율, WTO 세율을 확인했는가? · (선택) 인증이 있는 제품의 경우, 인증 서류 준비를 완료했는가?
7	입고	고객에게 상품 배송을 준비하는 단계	· 샘플과 동일하게 제작되었는가? · 제품의 파손 및 오염은 없었는가? · 택배 박스와 배송 부자재들을 준비했는가? · 배송 테스트 시 파손 없이 배송되었는가?

12장

최종 비용 정산 및
마진 구조

해외 소싱을 하면서 가장 중요한 것은 실제로 나의 돈이 얼마나 들어가고,
소싱을 통해서 얼마의 이익을 취할 수 있는가 입니다.
실무에서는 상품을 기획하고, 견적을 문의한 후 최종적으로 소싱 진행 여부를 결정합니다.

실제 수익 구조 및 예산 측정하기

1. 원가율에 영향을 미치는 요인

• 상품의 판매가 및 원가

원가율은 상품 판매 금액 대비 원가(상품 구입 금액)가 차지하는 비율로 계산하며, 마진 금액은 1개 제품을 판매했을 때 실제로 발생하는 이익을 기준으로 책정합니다. 상품 판매가는 원가율을 기준으로 설정할 수도 있고, 절대 마진 금액으로 결정할 수도 있습니다. 비싼 금액으로 판매되는 상품이라면 실질적인 마진 금액을 보고 결정할 확률이 높습

니다. 예를 들어, 상품 판매가는 10만 원인데 원가가 5만 원이라면, 원가율은 50%, 마진은 5만 원이 됩니다. 반대로 상품 판매가가 3만 원인데 원가가 9,000원이라면, 원가율은 33%이지만 마진은 21,000원이 됩니다. 여기에서는 마케팅 비용 및 판매 관리 비용 등이 제외된 금액이지만, 실제로 내 손에 쥐게 되는 마진은 2배 이상 차이가 납니다.

• 상품의 구매 패턴

상품의 구매 패턴에 따라서 기준을 달리할 수도 있습니다. 예를 들어 휴지, 샴푸, 세제와 같이 유통기한이 긴 생필품은 1개 이상씩 구매하기도 합니다. 상품의 구매 패턴에 따라서 기준 원가율은 1개가 아니라 2개로 책정하여 만들 수 있습니다.

• 발주량의 증감 여부

판매가 잘 될지 모르기 때문에 1차 오더에는 보통 수량을 적게 발주합니다. 그래서 1차 오더에는 원가율이 높은 것이 일반적입니다. 판매가 잘 되면 2차 발주부터 많은 수량을 발주하면서 원가가 낮아질 수 있습니다. 규모의 경제로, 제조사에서는 많은 수량을 발주받으면 개당 원가를 할인해 주는 것이 일반적입니다. 발주량이 늘어나면 FCL로 선적할 수도 있기 때문에 개당 물류 비용을 줄일 수 있으며, 이에 따른 원가율을 낮출 수 있습니다.

• 유통 채널의 확장 여부

개인 쇼핑몰이나 팬덤이 없는 분이라면, 다른 유통 채널에 입점해서 판매해야 할 수도 있습니다. 수수료가 10% 이내인 유통 채널이 있는가 하면, 수수료가 20~30%인 유통 채널도 있습니다. 개인 쇼핑몰이 아닌 다른 유통 채널을 통해 판매해야만 한다면, 입점 수수료까지 고려해서 진행합니다. 판매자마다 마케팅 및 판매 방법이 상이하므로 무조건 다른 유통 채널에 입점해야 하는 것은 아니지만, 판매 전략에 따라 원가율을 미리 세팅해 두는 것을 추천합니다.

지금까지 원가율에 영향을 미치는 요인들에 대해 알아보았습니다. 여러분이 사용하는 기준과 판매 방향, 목적에 따라서 판매가를 설정하고, '나는 원가율 40% 이하로는 소싱하지 않겠다'와 같은 적정 원가율을 정해 보세요.

2. 단가 계산 및 예산 설정

제조사의 전통적인 원가 계산은 재료비, 노무비, 경비로 나눠지지만, 해외 소싱에서는 간략하게 상품 구입 비용, 해외 물류 비용(운임비, 관세사 수수료, 기타 부대비용 등 포함), 관세, 부가세를 기준으로 원가율을 설정합니다. 물론 이 외에도 인건비, 상세 페이지 촬영 및 제작 비용, 물류 창고 비용, 쇼핑몰 운영 비용 등 비용이 늘어가는 부분이 다양하게 있습니다. 일회성 비용도 있고 월마다 정기적으로 내는 고정 비용도 있는데, 그것을 모두 계산하여 상품 원가에 반영하는 것은 어려운 일입니다.

아래 A씨의 예를 살펴보며 단가 계산과 예산 설정을 해 봅시다.

A 씨는 '가'라는 상품을 기획 및 개발 기준에 따라 100개 제작, 개당 $25(환율은 1,200원으로 계산)로 제조사와 협의했습니다. 다른 온라인 쇼핑몰에서 확인해 보니 비슷한 상품들이 9만 원대로 판매되고 있어서 상품 판매가는 90,000원으로 설정했습니다. 운임비 및 관세사 수수료 등을 포함한 해외 물류 비용으로는 60만 원이 발생했으며, 관부가세 비용은 FTA 할인 적용을 받아 30만 원을 납부했습니다.

판매가(vat 포함)	90,000원
환율(USD-WON)	1,200원
원가	$25 (30,000원)

[총 비용]

제작 수량	100개
총 발주 비용	3,000,000원
물류 비용	600,000원
관세/부가세	300,000원
총 비용	3,900,000원

A 씨의 예산은 500만 원이었습니다. 상품 진행에 필요한 1차 예산을 책정해 보니 390만 원이 나왔고, 투자 금액 범위 안에 들어왔습니다. 디자이너 아웃소싱 및 촬영 비용까지 고려했을 때, 충분히 진행할 수 있는 예산이라고 생각되므로 진행 가능합니다.

그다음으로는 제품당 원가율을 확인합니다. 이 제품은 마케팅 비용이 많이 들어가는 도입기 제품으로 '원가율 40% 이하 또는 마진 5만 원 이하로는 절대 판매하지 않겠다'라는 기준을 세웠습니다. 이 제품은 고객들의 문제를 해결한 희소성이 있는 제품이므로, 판매가는 구매 타깃이 충분히 지불 가능한 금액인 90,000원으로 책정했습니다. 이를 기준으로 개당 단가와 마진율을 계산하면 원가율은 43.33%, 상품 절대 마진 금액은 51,000원입니다. 원가율이 40%를 넘었지만 마진 금액이 5만 원을 넘었으므로, 소싱을 진행하는 것으로 결정했습니다.

[단가/마진율(개당)]

수입 단가	39,000원
상품 판매가	90,000원
원가율(판매가 대비)	43.33%
마진 금액	51,000원

이처럼 나의 예산 범위 안에 들어오는지, 제품 기획과 가설을 통해서 판매가를 어떻게 설정할 것인지에 따른 원가율로 해외 소싱 진행 여부를 결정할 수 있습니다. 제품의 라이프 사이클 또는 특징마다 바뀌는 부분이기 때문에, 상품을 기획할 때 시장조사를 정량적/정성적으로 해야 합니다.

해외 소싱은 투자금이 들어가고 재고가 발생하는 소싱 및 판매 방법입니다. 그래서 주변 지인에게도 쉽게 추천하지 않는 방법이기도 합니다. 누구나 부자가 될 수 있고, 누구나 돈을 벌기 쉽다고 하지만 '꾸준함과 집요함, 그리고 실행력'이라는 말이 빠져 있는 것 같습니다.

해외 소싱 사이클을 한 번 돌아보고 나면, 생각보다 어렵지 않고 다른 상품들에 비해 확실한 경쟁력이 생기는 것을 체감할 수 있으며, 세상을 바라보는 눈이 달라질 수 있습니다. 새로운 아이디어가 떠오를 때, 예전에는 '누가 팔았으면 좋겠다'라고 생각했다면 이제는 '저걸 내가 팔아 볼까?'라는 생각으로 바뀌어 있을 것입니다.

부록

1. Q&A 자주 물어보는 질문

2. 해외 소싱 용어 모음집

3. 제조사 소통 영어 템플릿

Q&A 자주 물어보는 질문

Q 선금까지 지불하고 나면, 제품이 생산될 때까지 무엇을 해야 하나요?

A 제품 생산이 시작되면 제조사와 소통을 유지하면서 판매 준비를 하는 데 시간을 활용합니다. 제품이 잘 생산되고 있는지 제조사와 주기적으로 연락하고, 출고일에는 문제가 없는지 지속적으로 체크해 주면 좋습니다.

판매 준비는 크게 상세 페이지 제작 및 고객 응대 준비, 택배 배송 준비가 있습니다. 상세 페이지는 기획-촬영-제작순으로 이어지게 되는데요, 각각 일주일씩만 잡고 진행하여도 한달은 금방 지나갈 거예요. 처음에는 혼자서 진행해도 좋지만, 추후에는 좋은 파트너를 만들어 아웃소싱을 적극적으로 활용하는 것을 추천합니다.

실제로 제품이 입고되고 출고가 시작되면 정신없이 바빠집니다. 쇼핑몰을 운영해 보지 않았던 분들이 가장 포기하고 싶은 순간이 바로 고객 응대를 할 때라고 합니다. 예상되는 질문들을 틈틈이 준비하고, 비슷한 상품군의 다른 쇼핑몰들은 어떻게 운영하고 있는지 사전 조사를 하는 것을 추천합니다. 고객 입장에서 브랜드사와 기분좋았던 부분들을 기록해 활용하여도 좋습니다.

택배 발송은 택배 박스 준비, 3PL 업체와의 계약(택배사 계약) 등이 있습니다. 상품이 중국에서 입고되기 최소 2주 전에는 완료하는 것을 권장합니다.

Q 꼭 포워더를 써야 하나요?

A 혼자서 쇼핑몰을 운영하는 것은 정말 어려운 일입니다. 마케팅, 고객 응대, 출고, 세무 등 처리할 일이 많아집니다. 힘들게 소싱까지 완료했는데, 제대로 판매를 해야 할 시기에 여러 가지 업무로 지치는 경우도 많습니다. 최대한 아웃소싱을 활용하여 시간을 확보하는 것이 지속가능한 쇼핑몰을 운영하는 데 도움이 많이 됩니다. 소싱, 마케팅, 콘텐츠 제작 등 모든 업무가 처음이라면 더더욱 시간 확보가 중요합니다.

나의 비즈니스 방향과 정말 잘 맞는 포워더와 일을 한다면, 비용 대비 업무가 많이 줄어듭니다. 꼭 이용해 보는 것을 추천합니다.

Q 사업자 등록증을 꼭 내야 하나요?

A 사업자 등록증을 내는 것이 세금 혜택이 많기 때문에 내는 것이 좋습니다. 판매 목적으로 관세를 면제받고 수입할 경우에는 사업자 등록증이 필수입니다. 10장의 관세 파트에서 이야기한 것과 같이 원산지 증명서를 제출하면 관세가 0%로 되는 경우가 많습니다. 절세를 하기 위해서는 사업자로 통관을 진행하고, 세금 혜택을 받는 걸 추천합니다.

만약, 개인 명의로 관세 할인 혜택을 받고 판매를 한다면 위법입니다. 개인 명의로 관세를 모두 지불하고, 판매하는 것은 괜찮습니다.

– 사업자 등록 및 통신판매업 신고하기 –

여기서 말하는 사업자 등록은 법인이 아닌, 개인 사업자 등록입니다.
처음 진행하는 분들을 위한 가이드이니 참고해 주세요.

1. 사업자 등록

- 관할세무서 혹은 국세청 홈택스(www.hometax.go.kr)
- **업태명**: 도매 및 소매업
- **업종명**: 전자상거래업
- **산업분류코드**: 47912 전자상거래 소매업

사업자 유형	정의	부가가치세 신고	기타
간이과세자	연간 4,800만원 미만 매출의 사업자	연 1회 신고	- 매출 연간 2,400만 원 미만: 부가가치세 면세 - 매출 연간 2,400만 원~4,800만 원: 소매업자 일 경우, 신용카드 매출액에 한해 1.3%의 세액 공제 가능(도매 업자는 불가)
일반과세자	매출액 상관없이 신청 가능한 사업자	연 2회 신고	- 매출 연간 4,800만원 미만이라도 판매에 따른 부가가치세 10% 지불 - 세관으로부터 발급 받은 부가가치세 신고 시 매입 세액 공제 대상이 됨

2. 통신판매업 신고

- **신고처**: 사업장 소재지 관할 구청 or 민원 24(www.minwon.go.kr)
- **구비 서류**: 통신판매업 신고서, 구매안전서비스 이용 확인증, 사업자 등록증, 신분증 및 도장
- **신고 기한**: 온라인 사이트에서 상품을 판매하기 전까지

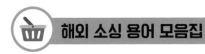
구분	용어		정의	설명
해외 소싱	MOQ	Minimum Order Quantity	최소 주문 수량	상품을 발주하기 위한 최소한의 주문 수량
해외 소싱	PI	Proforma Invoice	견적 송장	수출업자가 당해 물품의 가격을 견적해 주는 송장
해외 소싱	CI	Commercial Invoice	상업 송장	판매자가 매매계약 이행 사실을 기재해 구매자에게 발송하는 문서
해외 소싱	T/T	Telegraphic Transfer	전신환 송금	수입 대금의 지급을 은행을 통해 전신 또는 텔렉스를 이용하여 송금하는 방식(해외 송금)
해외 소싱	PL	Packing List	포장 명세서	물품을 구매한 자의 이름과 주소, 목적지, 상품의 수량, 순중량, 총중량 등을 기재한 서류
해외 소싱	BL	Bill of Lading	선하증권	해상 수출 & 수입 시 화물을 판매, 구매할 때 사용하는 서류
해외 소싱	CO	Certificate of Origin	원산지 증명서	수출 물품이 FTA 협정에서 정하는 원산지 기준을 충족했다는 것을 증명하는 서류
해외 소싱	관세	Tariff	관세	우리나라에 반입하거나 우리나라에서 소비 또는 사용하는 외국 물품에 대해서 부과·징수하는 조세
해외 소싱	FTA	Free Trade Agreement	자유 무역 협정	둘 이상의 나라가 상호간에 수출입 관세와 시장 점유율 제한 등의 무역 장벽을 제거하기로 약정한 조약
해외 소싱	3PL	Third Party Logistics	삼자물류	물류의 전부 혹은 일부를 물류 전문 업체에 아웃소싱(외주)하는 것 물류에 들어갈 비용과 노력을 다른 곳에 투자함으로써 고객 서비스에 집중할 수 있음
해외 무역	Incoterms		무역 조건	무역 거래에서 불확실하고 명료하지 않은 가격 조건들로 야기되는 마찰 및 오해를 방지하기 위해서 매도인과 매수인 사이의 위험과 비용에 대한 범위를 정의한 무역 조건에 대한 국제 규칙
해외 무역	EXW	Ex Works	공장 인도 조건	판매자의 제조 공장과 같은 지정된 장소에서 구매자가 지정한 장소까지 물품을 운송하는 모든 비용과 위험을 구매자가 부담하는 인코텀즈 조건

구분	용어		정의	설명
해외 무역	FOB	Free On Board	본선 인도 조건	판매자가 선적항에서 물품을 본선에 적재하는 시점까지 물품에 대한 위험과 비용을 판매자가 부담하는 인코텀즈 조건
해외 무역	CBM	Cubic Meter	박스 부피 단위	해외 무역에서는 이 단위를 사용하여 부피를 계산
해외 무역	FCL	Full Container Load		컨테이너 1개를 단위로 해서 수송되는 대량 화물
해외 무역	LCL	Less than Container Load		화주 한 사람의 화물로 컨테이너 1개를 채울 수가 없어 여러 화주의 화물을 1개 컨테이너에 같이 싣게 되는 컨테이너 화물
해외 무역	HS CODE		품목 분류 코드	국제통일 상품분류체계에 따라 대외 무역 거래 상품을 총괄적으로 분류한 품목 분류 코드
해외 무역	ETA	Estimated Time of Arrival	예상 입항 시간	항공기 또는 선박의 도착 예정일 또는 입항 예정일
해외 무역	ETD	Estimated Time of Departure	예상 출항 시간	항공기, 선박이 선적항에서 출발하는 예상 날짜
알리바바	Supplier		제조사/공급자	알리바바 내의 제조 업체 & 공급 업체
알리바바	Buyer		구매자/바이어	알리바바 내에서 물건을 구매하는 사람
알리바바	Trade Assurance		무역 보증 서비스	알리바바 무역 보증 서비스로, 납기 및 품질 보증
알리바바	RFQ	Request for Quatation	견적 요청	원하는 스펙이 다 정해져 있을 때, 스펙에 맞는 제조사를 찾는 방법
알리바바	Verified Supplier		검증된 공급 업체	알리바바의 기준대로 생산 능력, R&D 역량, 품질 관리 기능 등 다양한 기준으로 공급자를 인증하는 시스템
알리바바	SOPI		공급자 서비스 품질	제품의 인기도, 거래량, 서비스 품질 등의 기준으로 제조사를 구분하기 위한 알리바바의 지표

상황		영어 문장	한글 번역
견적 요청	견적 요청	Hello, I'm interested in your product. Could you let me know the FOB price and MOQ? And I'd like to know if it is possible to customize. – Color customizable : Gray – Size : 200 X 100mm – customed package I hope to work with you. Best regards. 이름	안녕하세요? 저는 당신의 제품에 관심이 있습니다. FOB 가격과 MOQ를 알려 주시겠습니까? 그리고 아래와 같이 주문 제작이 가능한 지 알고 싶습니다. – 색상 커스텀 여부 : 회색 – 사이즈 : 200 X 100mm – 맞춤형 패키지 함께 일하길 바라요! 끝인사, 이름
	견적서 요청	I would like to check the details of the quotation, please send me PI.	견적에 대한 디테일을 확인하고 싶으니 PI 부탁드립니다.
샘플링	샘플 요청	I would like to get a sample for quality check. Can you send me a sample?	품질 확인을 위해서 샘플을 받고 싶은데요, 샘플을 보내 줄 수 있습니까?
	샘플 사진 받기	Please send me sample picture before sending sample.	샘플 보내기 전에 샘플 사진 보내 주세요.
	운송장 번호	After sending the sample, Please tell me the tracking number.	샘플을 보낸 후에 운송장 번호 알려 주세요.
	카탈로그 브로셔 요청	Could you send me the brochure or catalog for your product?	상품에 대한 카탈로그나 브로셔를 보내 줄 수 있습니까?
	샘플 인보이스	Could you specify "SAMPLE" in the invoice?	인보이스에 "샘플"이라고 표시해 주세요.
리드 타임 및 생산 기간 확인	생산 완료일 확인	I'd like to know the estimated shipping date.	예상 물류 스케줄을 알고 싶습니다.
		I'd like to know the cargo ready date.	화물이 준비되는 날짜를 알고 싶습니다.
패키지 (컬러 박스)	레이아웃	Please send me the layout for the color box.	패키지 제작을 위해 패키지의 칼선을 보내 주세요.
	패킹 방법	Could you let me know the packing method?	패킹 방법을 알려 주실 수 있나요?
	원산지 표기	Could you attach the country of origin sticker "Made in China" at the bottom of the product?	상품의 아랫부분에 "Made in china"라는 원산지 표기 스티커를 붙여 줄 수 있나요?
결제	알리바바 결제	Please open the payment window on Alibaba.	알리바바에서 결제 창을 열어 주세요.

해외 소싱으로 초보 셀러 탈출하기

1판 1쇄 발행 2022년 4월 29일

저　자 | 정지나
발행인 | 김길수
발행처 | 영진닷컴
주　소 | (우)08507 서울특별시 금천구 가산디지털1로 128
　　　　 STX-V타워 4층 401호
등　록 | 2007. 4. 27. 제16-4189호

ⓒ 2022. (주)영진닷컴
ISBN | 978-89-314-6613-3

YoungJin.com **Y.**
영진닷컴